明朝12臣

十二位人物的无奈挣扎与浮沉
大明王朝的末路悲歌

赵千马　鹿鸣　著

山东城市出版传媒集团
济南出版社

图书在版编目(CIP)数据

明朝12臣/赵千马,鹿鸣著.—济南:济南出版社,2023.2

ISBN 978-7-5488-5521-7

Ⅰ.①明… Ⅱ.①赵… ②鹿… Ⅲ.①大臣-生平事迹-中国-明代 Ⅳ.①K827=48

中国国家版本馆CIP数据核字(2023)第016980号

明朝12臣

赵千马 鹿鸣 著

出 版 人	田俊林
责任编辑	陶 静
装帧设计	陈致宇
出版发行	济南出版社
地 址	济南市二环南路1号
邮 编	250002
印 刷	山东新华印务有限公司
成品尺寸	148mm×210mm 32开
印 张	6
字 数	110千
版 次	2023年2月第1版
印 次	2023年2月第1次印刷
书 号	ISBN 978-7-5488-5521-7
定 价	69.00元

(如有倒页、缺页、白页,请直接与出版社联系调换。联系电话:0531-86131736)

序　言

朱亚非

这是一部角度新颖、深入浅出、引人入胜,故事性强的历史读物,在当前倡导全民读史、学史的大环境下,对于广大历史爱好者尤其是明史爱好者而言,更是值得一读。

大明王朝存在276年,到崇祯年间走向衰亡末路。本书选取了活跃在明后期到明末12位有代表性历史人物的故事,以小见大展现出末代大明王朝的风雨历程。从他们的经历中,也可以透析明末历史进程中的重大事件的内核。书中故事寓事以情,对于人性和精神深处的共同价值进行了探讨与揭示,这些共同价值包含了中华民族优秀传统文化的精神特质,如忠于职守、不惧挑战、忠勇报国、舍生忘死等,通过娓娓道来、生动有趣的故事情节,反映出一个封建王朝末期无可挽回地走向灭亡以及历史人物无可奈何的挣扎与浮沉,也给后人留下了深刻的启迪与反思。

我对于两位作者——赵千马、鹿鸣的治学精神十分欣赏,他们能够利用业余时间对浩如烟海的史料翻阅、梳理并吸收消化,在忠实于历史事实的基础上,以自己的观察视角和语言风格写成此书,比如书中所写的海瑞,作者通过大量的史料整理和深刻分析,提出"后世官场和士大夫们,热衷于传播这段编造的故事,无非要证明海瑞不过是——'尽忠如蝼蚁,尽孝似禽兽'而已","只有把老百姓心目中的'海青天'抹黑,方能显现出官场士大夫们的正义,这种心照不宣成为抹黑海瑞的原始动力"。

作为历史文化的爱好者和研究者,两位作者的学术探究精神和成果值得尊敬和祝贺!尤其作者之一鹿鸣是一位20岁的年轻人,相信通过这位年轻人的创作,可以带动更多的年轻人学习历史、领悟历史,同时书中充满着年轻人喜欢的视角和语言风格,比如"一个御史、一个科臣,你见或者不见,二都在那里,不三不四……"比如"什么叫农夫与蛇、吕洞宾与狗、东郭先生与狼、郝建与老太太,看看姜瓖如何对待张天琳就明白了……"书中类似于这样的语言,生动传神,让阅读者过目难忘。这让古老的历史更加鲜活地展示在人们面前,也更加贴近时代。希望作者再接再厉,在进一步研读历史的基础上,不断推出新作品,给广大读者提供更多优秀的作品,满足社会各界历史文化知识爱好者的阅读需求。

作者系山东师范大学历史文化学院原院长、山东省文史馆员、中国明史学会顾问。

目录

001——大明王朝何以灭亡

019——海瑞

033——周遇吉

049——唐通

065——卢象升

073——方岳贡

081——毛文龙

093——吴三桂

105——王象春

113——光时亨

125——吴麟征

135——李国桢

157——钱凤览

171——结语

179——后记

大明王朝何以灭亡

  大明王朝是最后一个由汉族建立的大一统的中原王朝，鼎盛时期疆域达1100多万平方公里，经济和军事规模位居当时的世界第一。大明王朝在明神宗朱翊钧之后开始走向衰落。公元1627年，朱由检继位，次年改年号为"崇祯"。此时的大明王朝已是大厦将倾。崇祯十三年（1640），李自成、张献忠率领的农民起义军分别在四川、河南击败明军，此后势头越来越猛。再加上关外的后金势力，双重压力下，大明王朝找不到一刻喘息的机会。公元1664年，李自成率军攻入北京，崇祯皇帝在煤山（今景山）自缢身亡，大明王朝宣告灭亡。

● 大明王朝灭亡的原因是什么

大明王朝的灭亡可以上溯至"万历三大征"。尽管在三大征之一的朝鲜之役中,明朝喊出了与汉朝类似的历史最强音,但是汉朝结束了与匈奴的百年大战,明朝则在50多年后灭亡了。

提起"犯我强汉者,虽远必诛"这9个字,今天的人们依然会情不自禁地遥想那时的汉朝。不过,很多人不知道的是,在明朝也有一句类似的历史最强音——跳梁者虽强必戮!此语出自万历皇帝朱翊钧的《平倭诏》,是其在明朝大军平定倭乱后,胜利回京的献俘仪式上宣读的,原句为"义武奋扬,跳梁者虽强必戮"。意思是:振起正义之威武,奋起昂扬之斗志,世上所有跳梁小丑,无论貌似多么强大,最终必将得到审判和惩罚。

同样的豪情满怀,同样的激情澎湃。陈汤喊出历史最强音,南北匈奴一统。随着王昭君出嫁呼韩邪单于,汉朝与匈奴之间长达百余年的战争结束。而万历皇帝喊出这句历史最强音,大明王朝50多年后就灭亡了。

这是为什么?

● 其一,军费开支巨大,国库大为空虚。

宁夏之役、朝鲜之役、播州之役号称"万历三大征"。打仗就需要花钱，而朝鲜之役中的花费更是巨大，基本等于其他两役军费的总和乘以2，高达780万两。"万历三大征"的总花费突破1100万两，据统计，明朝万历年间的年度财政收入多在1000万至1600万两。但是"万历三大征"首尾相连，没有留给明朝喘息和休养国力的时间。尤其是朝鲜之役长达8年，大明王朝先后动用了四五万大军。《明史》记载，三大征后"国用大匮"，国库已经十分空虚。

大明王朝军队长期执行的是朱元璋立国时制定的屯田制，为此朱元璋曾经颇为自豪地宣称："我养活百万军队，没有花费老百姓一分钱。"如今，大军开赴朝鲜，原有的屯田势必长期撂荒。为了应付巨大的军费开支，朝廷只能不断加派赋税，横征暴敛，鱼肉百姓。

同时，皇室宗亲和官绅地主趁机大肆兼并土地，屯田制更加名存实亡。并且他们运用手中的权力，想方设法逃避赋税。要知道，大明王朝最主要的税收就是田地税。皇室宗亲和官绅地主的做法，无异于对大明王朝的财政收入来了个釜底抽薪。

● 其二，精锐部队伤亡惨重，元气大伤。

在朝鲜之役的首战中，副总兵官祖承训亲率辽东铁骑中的精锐出击，因轻敌冒进，在平壤城下中伏，副将史儒战死，三千铁骑损失殆尽，祖承训只身逃出。随后，李如松、李如梅、李如柏三兄弟

联袂率大军入朝。

在平壤攻坚战、碧蹄馆遭遇战中,大明王朝的作战部队虽然先后创下1∶1.5和1∶3的生死战绩,但总兵官李如松在平壤险些阵亡,两役之后人马损失近3000人。损失的人马中,无论是戚家军还是辽东铁骑,全是明朝军队中的精锐。

对比崇祯年间的明朝军队,一心只想着向兵部官员、太监等行贿,谋求升迁或开脱罪责,军纪败坏,"劫商贾,搜居积,焚室庐"的恶劣德行,引发了"小民畏兵,甚于畏贼"的现象,在朝鲜之役中损失的大明王朝的军队堪称精锐中的精锐。这些人不仅训练有素,久经沙场,而且将领们指挥有方,单兵作战能力超强,有顶着炮火"密如蚁聚"攻城杀敌的勇气,有万余名戚家军紧急情况下假扮朝鲜人的应变能力,有"将士无不一当百"的战斗力……这些更是大明王朝后期军队所不具备的。

上述两大原因,导致的后果也有两个,分别是:

● 一是努尔哈赤迅速崛起。

我们来看一下与朝鲜之役相关的几个年份,就知道努尔哈赤是如何迅速崛起的:

朝鲜之役发生于1592年至1599年,此时的努尔哈赤也没有闲着——1593年,努尔哈赤通过武力征服,把长白山部纳入自己的势力范围，随后夺取东海部，为统一关外打下了基础。

1596年，努尔哈赤联姻布占泰，获得乌拉部支持。

1597年，努尔哈赤联姻叶赫部，椎牛刑马为盟，进一步扩大了势力范围。

1598年起，努尔哈赤发动征服渥集部瑚叶路、那木都鲁、绥芬、宁古塔、尼马察、雅兰、乌尔古宸、木伦、西林等路的战争，最终攻占库伦城。

1599年，努尔哈赤灭掉哈达部，擒杀猛格孛罗。

因为朝鲜之役，大明王朝的经济发展和军事实力元气大伤，此后的20年里一直无力有效进剿后金。

朝鲜之役结束仅三年，1603年，努尔哈赤就宣布迁都赫图阿拉，正式拉开了问鼎中原的序幕。

在努尔哈赤问鼎中原的过程中，有一场战役被视为大明和后金的国运之战，那就是萨尔浒大战。结果我们都知道了：努尔哈赤和他的后金军取得了胜利。那么，努尔哈赤是怎么打赢这场国运之战的呢？

其实努尔哈赤就用了一招：任你几路来，我只一路去！这招在战争史上也叫集中优势兵力形成局部以多打少，并且各个击破。

1619年，明朝辽东经略杨镐率领四名总兵官，以10万多名兵力，分头杀向努尔哈赤的大本营赫图阿拉。四路总兵官的分工如

下：中路左翼，山海关总兵杜松；中路右翼，辽东总兵李如柏；北路，开原总兵马林；南路，辽阳总兵刘綎（tīng）。杨镐则坐镇沈阳，是四路大军的总指挥。

后金的兵力不到7万，面对的是号称47万的明军。这仗怎么打？对此，努尔哈赤定下了"任你几路来，我只一路去"的策略，并且把第一仗瞄向杜松。为什么选择杜松？这是因为杜松勇猛有余而谋略不足。为抢头功，他率部一路急行军攻占了萨尔浒山口，全然不顾所部已经是一支孤军。

就在努尔哈赤寻找战机，准备向这支孤军发动攻击时，杜松又出了一计昏招儿：把原本就不充足的兵力分成两部分，一半留守萨尔浒，另一半向界藩城进军。努尔哈赤大喜，部署全部主力，攻下杜松的萨尔浒大营。后路被截了，正在攻打界藩城的明军军心大乱。而努尔哈赤马上率部从后面发动截杀，界藩城的后金军也趁势杀了出来，明军被前后包围夹击，头尾难顾。最终，杜松战死，所部全军覆灭。

此时，北路的马林得到杜松兵败的消息，临时改变计划，打算在距萨尔浒40余里处安营扎寨观望一下。但是他没有想到的是，努尔哈赤打完胜仗后毫不停留，立刻率主力杀来，没等马林的大营安扎好就杀到了眼前，马林只好率部仓促败退到了开原。

杨镐一天里接到两路人马打败仗的消息，有些手足无措。之前是小看了后金的战斗力，此刻又太高看后金的强大——他传令另外两路大军"就地休整"，等待进一步命令。这道指令充分表明了杨镐的失策，既然一切计划早就定下了，不能因为两场败仗就彻底打乱原本的部署，让其他两路大军等待命令，这只能说明杨镐也没有了主见。作为三军统领，事先根本没有想到这个变故，谁家打仗只会打胜仗，为什么没有制订万一不胜的预案呢？什么叫目光短浅？什么叫狂妄自大？这就是了！

更让人哭笑不得的是，没头脑的病是会传染的。杨镐的命令下到李如柏那里却走了样，变成了另一道四个字的指令：全军后撤。后金的哨兵见明军后撤，就虚张声势地大喊大叫，擂响战鼓。后撤的明军误认为追兵杀来，争相逃跑，自相践踏……

最后来说一下四路大军中的刘綎，接到杨镐的指令时，他已经深入后金军的腹地，对其他各路大军的情况一无所知。绰号"刘大刀"的刘綎作战异常勇猛，抡着120斤的大刀全力攻杀，连拔了几个后金军的营寨。见刘綎部一时难以抵挡，努尔哈赤心生一计：他找来一名被俘虏的明军士兵，把一封以杜松口气写成的信交给他，让他送往刘綎军中。刘綎打开信，得知杜松"已到赫图阿拉城下，急待会师攻城"。刘綎是一个实在人，不辨真伪就信以为真，下令火速奔向赫图阿拉。此时，努尔哈赤已经在沿路山谷中布下重兵，见刘綎冲来，就让一支后金军穿上明军的衣甲，假扮杜松部前来接

应。于是，刘綎带着士兵就这样全部进入后金军设定的埋伏圈里，后金兵突然杀出，里应外合，明军大乱。最终，刘綎战死，所部全军覆灭。

萨尔浒之战历时5天，10余万大明王朝士兵伤亡过半，其中包括300多名将领。萨尔浒之战让大明王朝元气大伤，此后更是难以组织起有效的力量去征讨后金，眼睁睁看着努尔哈赤坐大，两年内就攻占了沈阳、辽阳。萨尔浒之战6年后，努尔哈赤就定都沈阳，改沈阳为"盛京"。

萨尔浒之战的失败，也许让人们更多地想起那支朝鲜战场上明军精锐中的"精锐"，如果换作他们，结局肯定会完全不同吧？这样的假设虽然没有实际意义，但是一个不争的事实摆在眼前：萨尔浒之战中，10万明军和他们将领的表现确实让人寒心。加之努尔哈赤的战术运用得当，这场国运之战，大明王朝只能吞下彻底失败的苦果。

现在再来说一下杨镐的结局。因为萨尔浒之战的全面失利，杨镐被言官上书弹劾，好在万历帝心胸还算是开阔，没有如崇祯那样动不动就举刀杀人，虽然也判了杨镐死刑，但是没有立刻执行，只是把他关进牢狱。这一关就是八九年，直到崇祯继位两年之后，杨镐才被崇祯下令砍了脑袋。

● 二是明末农民起义大爆发。

朝鲜之役使丰臣秀吉很快垮台，日本从此进入德川幕府时代，东亚的军事和政治格局发生了巨变。更重要的是，为了补偿战争带来的损失，大明王朝的国家机器疯狂开动起来，严法苛税、土地兼并日益严重。

同时，处于小冰河期的中国，气候显著变冷，旱灾、寒流、蝗灾、水灾、鼠疫、瘟疫等接踵而至，农业收成锐减，财政收入下降。曾经有统计说，崇祯年间的全国财政收入最低时已经不足400万两，赤字高达1500万两以上。

天下大乱，狼烟四起。对外，用兵应付关外的战事；对内，打压日益严重的兵乱和农民起义。在巨额财政赤字的压力下，崇祯只好接受上书提议，决定裁减驿站。此举更是加剧了兵乱，还催生了一个"闯王"李自成。

试想如果没有朝鲜之役，大明王朝的元气没有受到那么大的损失，也许一切都会不同。

民间有大量爱好明史者，很多人把明朝灭亡的直接原因归结为"裁撤驿卒"。因为李自成最初是银川驿站的驿卒，后被裁撤。不久，他因为无力偿还豪绅艾举人的债务，被戴上枷锁严刑拷打，从而杀死艾举人起事，最终率领大顺军攻入北京城。

那么，裁撤驿卒是导致明朝灭亡的直接原因吗？让我们一起来探究以下问题。

● 裁撤驿卒的主意是谁出的？

先来看看《明史》是怎么记载的：天启二年（1622），公安人毛羽健中进士，在四川万县、巴县先后任知县，后来进京任云南道御史，因弹劾获罪被除籍。崇祯继位后，重新启用他为御史。毛羽健就是裁撤驿卒的倡议人。

● 为什么要裁撤驿卒？

御史是负责监察、弹劾和进谏的官员，有责任和权力廷议朝政。面对明末彝族土司安邦彦的叛乱，毛羽健给崇祯献上了"充军、筹粮、荐人"之策，这三条计策以今天的眼光观之，无疑都是正确的废话，崇祯却是如获至宝，依策而行并平定了叛乱。毛羽健这下子像打了鸡血一样来劲了，又上书建言裁撤驿卒，理由是"兵部调军征用驿车发送文书，有的发出，有的没有如期发出。官员私坐驿车，一张文书多次借用、多次涂改。驿站当差的人威势如虎，百姓性命像丝"。毛羽健的这个提议得到了兵部给事科刘懋（mào）的支持，崇祯于是下令革除驿站之弊，裁撤驿卒。

● 也许裁撤驿卒的原因很雷人！

一个御史、一个科臣，你见或者不见，二都在那里，不三不四。两个人，一个首倡，一个支持。裁撤驿卒就这样被大明王朝的各级官员贯彻执行下去了，而且理由同样是冠冕堂皇。但是，清朝人汪景祺所写的《西征随笔》一书，则给出了另外一个裁撤驿卒的原因："健官京师，娶妾甚嬖之，其妻乘传至，立遣去，迅雷不及掩耳。羽健恨甲，遂迁怒于驿递，倡为裁驿卒之说，而懋附和成之。"

原来是说毛羽健入京当官后，媳妇有一年回乡省亲，毛羽健就悄悄纳了个小妾，非常宠爱。毛妻得到消息后，借助驿站的快车，以迅雷不及掩耳之势赶回京城，把小妾赶走了。毛羽健怕老婆，是一个标准的"妻管炎"，他只好无奈接受。但是随后把怒火发向了驿站，因此向崇祯建言裁撤驿卒，并得到了刘懋的支持。

看完这个原因，你有没有被雷倒？

当然，对于这个记载的真实性，后人也存疑。因为按照大明王朝的律法规定，凡是想要纳妾之人，必须要在征得正妻同意之后方能行纳妾之实。毛羽健身为当朝命官居然悄悄纳妾，这断然是不可能发生的事情。

今天来看，裁撤驿卒的原因到底是什么已经不太重要，我们只需要知道这个举动的后果是非常严重的。

● 裁撤驿卒的后果是什么？

《明史》记载，裁撤驿卒之前，陕西已经发生饥荒，延绥大军

无粮饷,驻守固原的官兵便抢了粮库。很多吃不上饭的人揭竿而起,其中就有号称"闯王"的高迎祥。随后,袁崇焕斩杀毛文龙,清军直逼北京城,发动了"后金攻明京畿之战"。

奉命进京勤王的山西巡抚耿如杞的部下在中途哗变,延绥总兵吴自勉、甘肃巡抚梅之焕的勤王兵士也溃散而去,流兵与流民全部加入了农民军。裁撤驿站之后,山西、陕西的驿卒失去了饭碗,而当时陕西的苛捐杂税繁多,官吏的德性十分败坏,平民生活异常困苦。失业的驿卒先是变成游民,后来成为盗民,再后来干脆加入农民军,先吃饱饭不饿肚子再说。

● 李自成是因为裁撤驿卒起兵的吗?

从清朝开始就陆续有人提出,崇祯裁撤驿卒的举动,让"十余万倚驿递糊口者,无以为生,相率为盗。张献忠亦驿卒也……"是不是有十余万驿卒因为失业加入农民军暂且不论,只说李自成、张献忠是因为裁撤驿卒而起兵的吗?

显然不是。李自成是陕西米脂(今陕西榆林)人,曾在银川驿站当驿卒。《明史》记载,他擅长骑射,多次犯法。银川知县晏子宾抓了他准备处死,他想方设法逃走了,回乡之后当了屠夫。而李自成的舅舅高迎祥最初是以贩马为业的,当固原官兵叛乱时,他就当了"安塞马贼"。

崇祯三年（1630）裁撤驿卒后，大量走投无路的失业驿卒确实加入了农民军，但是当时李自成早已回乡当了屠夫，并非驿卒裁撤的直接受害者。此前神一元、不沾泥、可天飞、郝临庵、红军友、点灯子、李老柴、混天猴、独行狼等流民都已经起事了。

崇祯四年（1631），紫金梁王自用联合老回回、"曹操"（罗汝才）、扫地王、射塌天、满天星、邢红狼、蝎子块、过天星、混世王等人和高迎祥、张献忠共36营20余万人在山西起兵时，李自成才正式前往追随高迎祥，号称"闯将"。

张献忠更是与裁撤驿卒不沾边。出身于延安卫的张献忠最初是在延绥镇当兵，因为违反了军法被判斩首。但是张献忠长相奇特，个子高大，面色焦黄，下巴尤其奇特，是"虎颔"，即下巴如虎。主将陈洪范认为这是个奇人，就向总兵官王威求情不要杀死张献忠。

因为恰巧遇到了一个会"相面"的主将，张献忠得以不死，随后他就逃离了军营。崇祯三年陕西大乱，流民纷纷起事时，王嘉谟占据府谷，攻陷河曲，张献忠以米脂十八寨响应，自称"八大王"。

关于大明王朝的灭亡，裁撤驿卒太微不足道了，真正的原因在《明季北略》中有个总结非常全面，让我们来看看是怎么回事吧。

原因一：辽东战事。因为后金崛起，辽东战事急迫，必须派兵守关，增兵则必须增饷，直接导致苛捐杂税增多，流民也日益增

多。加上连年用兵,出现了大量逃兵,他们全都啸聚山林,这是天下之乱的根源。

原因二:内有大乱。李自成、张献忠等人起事于陕西、河南,当时明朝调动内地兵士围剿,但是因为战斗力太差迟迟不能取胜,便想调用守卫辽东的边兵围剿,但是关外是军事重地,不可一日无兵。所以大明王朝在用兵上捉襟见肘,无法剿灭农民军。

原因三:天灾流行。如果农民军起事时,天下百姓没有遇到荒年,可能不会冒险,毕竟吃饱了饭谁也不会铤而走险。怎奈当时陕西、河南连年饥荒,山东、湖北连年遇蝗灾和大旱,如果贫民不跟随农民军,没几天就会因为吃不饱饭而饿死。所以,农民军所到之处,人们争先打开城门,欢迎他们入城,农民军越来越壮大,最终导致不可收拾。

原因四:将相无人。明末面临的形势是:如果有唐朝李泌、宋朝李纲这样的文臣,南宋岳飞这样的名将,或许还有得一救。而明朝当时是什么情况呢?最初重用温体仁,他忌功害将;后重用杨嗣昌,庸懦不堪;最后重用张缙彦,无能之辈,哪有相才。至于将领,不过就是像唐通、姜瓖、刘泽清、白广恩这样的,都是贪生怕死之辈,望风逃降。将相如此作为,怎么御外敌、除内乱?

《明季北略》认为:"以上四个原因有其中一个,就足以乱天下,何况四个原因全部出现了,明朝哪有不土崩瓦解的道理呢?"

上述四个原因，称得上是一针见血。所谓裁撤驿卒导致了大明王朝灭亡，只不过是一个说辞，它更多起到的是火上浇油的助燃作用罢了。

我们知道，所有历史都是人的历史。在大明王朝走向覆没之际，各色人等纷纷登台表演，给我们留下了一个又一个鲜活生动的人生样本。尤其是他们在面临生死抉择时所表现出来的人性本质和精神本源，无不令人唏嘘不已。回首历史，我们能从这些人生样本中收获什么？总结出什么道理？

读史明智。这是这本书希望实现的目的。

海瑞 HAI RUI

● 被误读与抹黑的海瑞

"明朝之亡,始亡于嘉靖"——这是近代史学家们的共识。嘉靖时期,正是大明王朝各种问题和矛盾的集中爆发期,可是嘉靖皇帝只顾着修仙得道这一玄之又玄的事情,任由王朝一步步滑向不归路。谈嘉靖一朝不能也无法绕开的人物无疑是海瑞!通过解析海瑞的真实性格和面孔,我们也许能明白嘉靖时期为什么是大明王朝走向灭亡的开始。

当海瑞与包公一样,在民间被认为是"青天"的时候,明朝官僚体系悄然地进行了一次合谋:编造并且传播了"海瑞杀女"的谣言,从而把他打造成一个迂腐、荒唐的角色。

这样做的背后隐喻是:这个人只能作为官场的一个牌位被供着,但是在治国理政中一无用处。

果真如此吗?

海瑞是被误读,还是被人为抹黑——这个问题的答案来自问题本身。

● 海瑞买肉吃的新闻扇了谁的耳光

海瑞被误读源于多个故事。《明史》记载,总督胡宗宪曾给人说:"昨闻海令为母寿,市肉二斤矣。"海瑞为了给母亲过生日,买了两斤肉,此事惊动了总督胡宗宪。

海瑞买肉成了新闻,其潜台词是:作为官员,只有你如此清贫,这让其他官员们怎么活?按照大明王朝的薪酬体系,所有官员都应该如海瑞这般清贫才是对的。

这是因为大明王朝的官员,是历朝历代工资水平最低的。低到什么程度呢?正三品以上官员年收入是576石大米,正六品以上官员年收入192石大米,七品的年收入是90石大米,其余的官员年收入更少。

折算成人民币,这些官员的年收入大约等于:正三品以上25万元;正六品以上5万元;七品比较惨,是3万元;没有最惨只是更惨,其余的官员更少。

上述所指均是折算成现金的收入。还有实物,如大米、布匹、胡椒、苏木……统统要折算成米价发放。例如,成化十六年(1480),户部就把市价三四两的一匹布折成30石大米充当工资发放。当时 30 石大米的市价是 19 两银子，即七品官员的 90 石大米只能折算成三匹布，拿到市场上能换来十两银子左右，还买不了 20 石大米。

收入低、花销大是大明王朝官员普遍面临的问题。以县太爷为例，通常生两三个孩子，一家五六口人，还要加上衙役的开支，每月 1000 多元工资，人均月收入不到 200 元。按现今的标准，应该被纳入低保户了。

所以，今天我们来看海瑞会特别感动！这位不贪不贿的清官，没有一分钱的灰色收入。当淳安知县的时候，房前屋后自己有菜地，过日子吃饭，碗中是一点儿肉末也没有，正因如此，他买肉吃的新闻才惊动了胡宗宪。

这则新闻大大扇了大明王朝无数官员、士大夫的耳光！在同样的薪酬体系里，当官拿工资的其他人，没有如同你海瑞这般过着清贫的生活，肉照吃、酒照喝，隔三差五还能举办个有歌女陪唱的夜宴晚会啥的，你海瑞如此"作秀"不正是暗指我们有见不得人的收入吗？

这个大嘴巴扇得真响。

● 整治胡公子，敲打徐阶，显示高情商

在海瑞被误读中，不能不提及整治胡宗宪之子这件事。说起

来，胡宗宪对海瑞有知遇之恩。按照大明王朝的官场规则，海瑞即使不能以死相报，也不会对他"下手"。但是事情并非如此。

说是某一年胡宗宪的儿子路过淳安，嫌弃驿吏照顾不周到，便将驿吏倒挂进行处罚。海瑞闻讯后说，胡部堂是一位好官，不会教育出这样不好的儿子，此人"必非胡公子"。然后把胡公子携带的金银全部收入国库，同时火速将情况汇报给胡宗宪，老胡也没有怪罪他。

对于深谙大明王朝官场规则的人来说，海瑞此举迂腐透顶，是极端低情商的一种表现。撇开知遇之恩不谈，难道连"打狗还要看主人"的道理也不懂？何况老上级一向谦恭有加，儿子偶尔出来耍耍威风，也没有闹出什么人命关天的大事，睁一只眼闭一只眼就过去了，为什么非要这么干呢？

其实，对于这件事情的处理，正显露了海瑞的高情商。试想，如果海瑞放任胡公子胡来，甚至助把力、加点儿油，结果会是什么？说不定很快就成了"坑爹公子"。

海瑞处理此事的情商之高，就在于首先下了一个定论——此人"必非胡公子"，声称以胡宗宪的为人不会教育出这样的儿子，一来正面评价和肯定了胡氏的家风门规，二来暗示胡宗宪要好好教育一下儿子了，否则将来可能要出大麻烦。如果只看事情的前半段，而不解读一下海瑞的这句定论在整个事件中的巧妙作用，我们很可能会得出海瑞只会"为人"不会"做事"的结论。

其实,看问题要看本质,解读海瑞一定要解读他的巧妙心思。

在对海瑞的误读中,还有两件事与徐阶有关。隆庆元年(1567),御史齐康在高拱的支持下弹劾徐阶,理由不外乎巧取豪夺、兼并土地那些事儿。事实在那里摆着,躲是躲不开的。关键时刻海瑞出来说话了,大意如下——

徐阶是先帝时期的老臣,畏惧龙威而一味保全自己的职位,没有能够制止家人大肆置办田产,确实有罪。但是他执政以来"忧勤国事",肚量宽宏,值得肯定。齐康这个人心甘情愿做别人的鹰犬,出来乱咬好人,他的罪过比高拱还要严重。

不回避事实,指明徐阶的过错,又能正面评价徐阶的工作业绩,不偏不倚,海瑞的公心表露无遗。如果就此把他认作是徐阶一党,那就肯定错了。接下来看——

隆庆二年(1568)夏天,海瑞以右佥都御史身份巡抚应天十府,雷霆出击,"力摧豪强,抚穷弱"。贫民被兼并的土地,全部被他夺回重新发还,而且"徐阶罢相里居,按问其家无少贷"。徐阶在内阁争斗中落败被罢相还乡,海瑞按照同样的标准追查徐家兼并土地的情况,丝毫不予宽免。

先是出手相救,后又出击追查。如果没有最初的仗义执言,也就没有后来"按问其家无少贷"的反差。当年,徐家依靠兼并拥有

的土地高达 24 万亩，如果这样的兼并大户不敲打，如何能让"豪有力者至窜他郡以避"，如何保证贫民依靠土地维持基本生活的权利？

说到底，通过敲打徐阶，海瑞再次表明了自己的为官原则，那就是：不站队，不结党，不媚上，一心为民，事事出于公心。他两次巧妙处理徐阶的问题，证明了其在工作中具有超高的情商，而不是后人所说的迂腐透顶、不通人情。

● 抹黑海瑞是明朝官僚体系的合谋

海瑞骂嘉靖，树立了刚正、忠贞、不怕死的硬骨头形象。在他写的那篇著名的骂皇帝的奏折里，有如下文字——陛下则锐精未久，妄念牵之而去矣。反刚明而错用之，谓长生可得，而一意玄修。富有四海不曰民之脂膏在是也，而侈兴土木。二十余年不视朝，纲纪弛矣。数行推广事例，名爵滥矣。二王不相见，人以为薄于父子。以猜疑诽谤戮辱臣下，人以为薄于君臣。乐西苑而不返宫，人以为薄于夫妇。天下吏贪将弱，民不聊生，水旱靡时，盗贼滋炽。自陛下登极初年亦有这，而未甚也。今赋役增常，万方则效。陛下破产礼佛日甚，室如县罄，十余年来极矣。天下因即陛下改元之号而臆之曰："嘉靖者言家家皆净而无财用也。"

这几句话的大体意思是：陛下曾立志要有所作为，可是没过多久，就被杂乱的念头拉扯到别的地方去了。把自己的刚强英明用到错误的地方，以为人能长生不老，一味玄修。陛下富有四海，却不念及那都是民脂民膏，常常大兴土木，供自己享乐。陛下二十余年不上朝处理政务，导致纲纪松懈败坏。朝廷卖官买官，各种章程越用越滥，美其名曰推广事例，却最终导致豪强四起，名爵泛滥。陛下专门和方士炼丹，不与自己的儿子相见，人们都认为这样缺少父子之情。你常以猜疑诽谤戮辱臣下，人们都以为缺少君臣之礼。你整天待在西苑不回宫，人们都以为你缺少夫妇之情。如今天下官吏贪污成风，军队弱小，水灾旱灾无时不有，民不聊生，流民暴乱像火烧一样，越来越盛。自陛下登基以来，前几年就这样，但不严重，如今赋税徭役越来越重，各级官吏都效法朝廷，盘剥百姓无度。陛下花很多钱崇奉道教，十余年来已经做到极致。因此，陛下改元号之时，天下人都猜想："嘉靖就是说家家都干净的没有钱花。"

海瑞的这封上书有力地证明，当时的大明王朝已经不可救药地滑向了深渊。这封上书更是从正面表明了海瑞是个敢说实话的人。不管面对什么人，不管是否会因此掉脑袋，他都要说出真相。连死都不怕，不徇私情、只认公理的人无疑是大明王朝官场的另类，当官要中庸、圆通之类的所谓技巧在海瑞这里统统不存在。

因此，海瑞自然就被"奸民多乘机告讦"——想必都是无端捏

造、无中生有的事情，大户人家也常常诬告他。就这样，得罪了刁民、富绅之后，海瑞又得罪了官员、士大夫们。他"裁节邮传冗费，士大夫出其境率不得供顿"，裁减邮传驿站巨额繁杂的费用，规定士大夫出差，到其管辖区域内一律不再提供饮食。

士大夫们怨言四起，本来指望出个差、捞点儿公家的油水，你海瑞倒好，这点儿小心思全被你看穿堵死了！于是，海瑞成了大明王朝官场中有些人的眼中钉肉中刺，给事中舒化为此弹劾海瑞"滞不达政体"，意思是他一点儿也不明白政体，迂腐不堪。此处的"政体"二字其实表达的意思是四个字——官场规则。海瑞与大明王朝的官场规则格格不入，这就是他特立独行的本色。

舒化还提出"宜以南京清秩处之"，把这个人安排到南京陪都，给他个清闲的职位比较好。不久后，给事中戴凤翔再次弹劾海瑞庇护刁民，"鱼肉搢绅""沽名钓誉，扰乱政事"。

请注意此处的"鱼肉搢绅"，大家也可以理解为鱼肉官吏。历史上我们见惯了官吏鱼肉百姓，海瑞却来了个"鱼肉官吏"，从另一个角度上讲，也就是他让官不聊生，戴上这个罪名的历史人物可不多见。

明朝中后期，土地兼并现象日益普遍，地主、豪强、官府上下勾结，大量农民的土地被夺走，大户、富豪人家想方设法逃避税收，官府则趁机中饱私囊。同时，卖官鬻爵、贪污腐败现象严重，民脂民膏被搜刮殆尽。

而且，随着皇室宗亲的队伍日益庞大，他们奢侈腐化的巨额开支令大明王朝不堪重负，"北御南防"的军事行动又急需经费支出。如何增加财政收入呢？清丈田亩，实行一条鞭法就成了一大选项。

海瑞作为这项工作的重要推手，拿江南士绅开刀，把前台、后台的一干人物全部得罪了。因此，张居正上台后"惮瑞峭直，中外交荐，卒不召"。他忌惮海瑞的耿直刚正，尽管朝廷内外都争相推荐，他始终不肯召见起用海瑞。

后来，明神宗朱翊钧屡次想起用海瑞，都被人暗中阻拦。最后，只是象征性地给他安排了一个南京右都御史的职务。结果，海瑞又认真了起来。有个南京的御史偶尔演戏玩乐，海瑞就打算按照朱元璋时期的法令处理他。怎么处理？根据老朱家最初的规定，对于这样的官员要脱裤子打板子，也就是"杖责"，这种刑罚通常由锦衣卫来执行，如果不事先对行刑官"做工作"，轻则打得回家躺十天半月才能下地走路，重则伤筋断骨甚至直接被打死。所以，南京的这批闲官对海瑞又怕又恨，提学御史房寰、给事中钟宇淳串联起来上书，开始对海瑞百般丑化诋毁……

万历十五年（1587），郁郁不得志的海瑞病死于南京官邸，被追赠为太子太保，谥忠介。直到死于任上，海瑞的为官之道也没有与大明王朝的百官达成和解，与所谓的官场规则始终是格格不入

的，是大明王朝官场中的一个另类和异数。

就连他的死，也对大明王朝当时的官场是一个极大的讽刺：佥都御史王用汲看到海瑞用的是穷寒士人都不用的麻布帐、破竹箱等，他哭着凑钱给一贫如洗的海瑞送葬。

众官皆贪、我独廉的这种官场人格，令百姓罢市。海瑞的灵柩用船运回家乡时，穿着白衣戴着白帽的人站满了两岸，祭奠哭拜的人百里不绝。

还有什么比赢得民心和得到百姓认可更重要的吗？海瑞一如出污泥而不染的莲花，面对大明王朝官场的一团黑暗，在魑魅魍魉的浊流中始终刚正不阿、洁身自好……

这样的人是百姓热爱的，所以被称为"海青天"。但是他不能为大明王朝的官场所容，因此大明王朝的官场上下开始合谋抹黑他，"海瑞杀女"的谣言也就这样被炮制出来了。

这个谣言最早出自《见只编》，写于海瑞死后。内容十分荒诞不经：海瑞5岁的女儿吃了一块男僮给的糕饼，得知此事后的海瑞大怒，声称"你只有饿死了，才有资格当我的女儿"。于是此女当即绝食，"七日而死"。

这里需要说明的是，《见只编》只是佚闻杂记，并非正规史书，也可以认为是小说集萃。所有的正规史书中，均没有"海瑞杀女"的记载。大明王朝官场和士大夫们热衷于传播这段编造的故事，无非是要证明海瑞不过是"尽忠如蝼蚁,尽孝似禽兽"而已。

只有把老百姓心目中的"海青天"抹黑,方能显现出官场士大夫们的正义,这种心照不宣成为抹黑海瑞的原始动力。"海瑞杀女"所造成的负面影响也被一再放大,包括近现代流传甚广的几部明史书籍都或多或少地采信了"尽忠如蝼蚁,尽孝似禽兽"的说法,试图论证"道德不能代替治国"等。

道德是官员的底线,也是官场清廉与否的助推剂。海瑞先是被误读,后被人为抹黑,如果得到百姓的爱戴和拥护都不能成为评判一个官员好坏的标准,"明朝之亡,始亡于嘉靖"也就没有什么奇怪的了。

周遇吉
ZHOU YU JI

周遇吉

● 周遇吉，孤独的勇士

这是李自成攻陷北京城前的终极一战，10万大顺军被明军数千人挡在城外，攻城无望即将放弃时，部下劝说李自成采用人海战术、车轮战术，最终攻入城中。

这是大明王朝京城沦陷之前的决战，一名孤独的勇士在京师派不出援兵的情况下，率数千人坚守，寡不敌众，城破后坚持巷战，负伤被擒拒不投降，被高悬起来乱箭射死并遭肢解凌迟。他的夫人为了给丈夫报仇，带领女眷登上屋顶放箭反击，最终被大火烧死。

这个人叫：周遇吉。

周遇吉死后，李自成长驱直入：大同总兵姜瓖投降；宣府总兵王承胤投降；监军太监杜之秩、总兵唐通投降；直到京师守城太监曹化淳投降，打开北京城门……李自成再也没有遇到过哪怕一次像模像样的抵抗。

所以,李自成对周遇吉的评价极高,他常对人说:"他镇复有一周总兵,吾安得至此。"意思是:其他兵镇如果再出现一个周总兵,我怎么能进入北京城。

周遇吉,大明王朝京师陷落之前最后的勇士。

● 明末难得一见的常胜将军

对于走入衰亡末路的大明王朝来说,周遇吉是难得一见的常胜将军。他领兵所到之处,均是战无不胜。周遇吉本是锦州卫(今辽宁省锦州市)人,从小胆大,有力气,喜欢射杀鸟兽。后来参军入伍,每次打仗都率先登上城墙,因为多次获得战功,做到京营游击将领。京营驻扎在京师附近,营中有很多士兵来自高官和得宠太监的家庭,这些官二代们看到周遇吉为人质朴、没啥背景,有点儿瞧不起他。周遇吉说:"你们这些纨绔子弟,怎么能抵挡大敌。为什么不在没事的时候锻炼一下胆力,准备日后派上用场,却在这里浪费国家的粮食?"显然这是对牛弹琴了,那些人只是笑他傻。

崇祯九年(1636),周遇吉跟随尚书张凤翼为护卫京城数次血战,因功升了两级,成为前锋营的副将。次年,他又跟随孙应元到河南与李自成的军队作战,都取得了大胜。班师回京后,他再次得到提拔和赏赐。随后,他领兵在淅川打败胡可受,收降了对方的全部人马。杨嗣昌出兵襄阳时，周遇吉率兵前往会师。正好张献忠快杀到房县，杨嗣昌料定张献忠会偷渡郧滩，便派周遇吉扼守槐树关、张一龙驻兵光化，张献忠探听到消息后干脆没有来。后来，张献忠在兴安战败，打算逃到竹山、竹溪，周遇吉领兵赶到石花街、草店，张献忠只好率部进入四川境内。周遇吉接着转道驻守荆门，专门守卫献陵。1640年，他和孙应元在丰邑坪打败罗汝才。又过了一年，他和黄得功在凤阳追击张献忠。回师途中，周遇吉在寿张打败了李青山，追赶其到东平，迫使李青山投降。

经过几次晋升，周遇吉做到了太子少保、左都督。更为难得的是，周遇吉不仅内战是内行，在对外作战中也是胜率极高。崇祯十五年（1642）秋，南下"打秋风"的清兵从山东劫掠大量物资和人口经杨柳青返回关外，所到之处，明军均是一触即溃。已经接旨由杨柳青调往山西任总兵官的周遇吉，立即率领数千名士兵返回，与七万清军在杨柳青大战三天三夜，清军受到了重创，死伤逾千人。不要小瞧对方只是死伤近千人，自古以来以少胜多的军事行动难度系数都超高。

周遇吉率领的数千士兵对阵清军七万人，创造了明军对清军作战中空前罕见的以少胜多。这样的战绩足以让他在历史名将的排行中上榜了，不过这只是历史对他耀眼战绩的一次铺垫，历史是从来不会轻易让一个人在史册上留名的。

对周遇吉来说，青史留名的这一天很快就到来了。

● 拒绝投降，坚持抵抗

崇祯十六年（1643）冬，山西。李自成大军临境，风雨欲来。到任不足一年的山西总兵官周遇吉面临巨大考验，他分派部队守在上游，把下游蒲坂一带交给山西巡抚蔡懋德防守。黄河沿岸防线有1000多里，每处都有可能被大顺军突破，兵力严重不足。于是，周遇吉向崇祯请求增兵。此时的大明王朝已经到处是填不满的窟窿，早就无兵可派，最后崇祯只能让副将熊通带领东拼西凑的2000名士兵前来增援。

崇祯十七年（1644）初，大明王朝平阳城的守将陈尚智同李自成接触后决定投降了。没曾想，投降这种病的传染力非常强大，正在黄河岸边备战的熊通闻讯后，脑子一抽也想跟着投降。也许他还认为投降是一件好事，要和周总兵官一起分享，他就风尘仆仆地赶回大营劝说周遇吉：咱们一起投降吧。

周遇吉闻言大怒："我受国恩已久，怎么会跟着你叛国？你领兵2000人，不去战场冲锋陷阵，竟然反过来给他们当说客！"作为一个增援将领，见别人投降自己也要投降，亲啊，你来战争前线是卖萌的吗？于是周遇吉传令下去"立斩之"，熊通的脑袋因此搬家了，并且"传首京师"，没有随便一扔，而是趁着热乎劲儿"生鲜快递"到了北京城。周遇吉用这个举动表示自己决不投降和要以死报国的决心。

● 李自成遇到一个狠角色

崇祯十七年（1644）二月，太原失陷，蔡懋德殉城，随后忻州失守，周遇吉退守代州。数天后军粮吃光，加之外无救兵，周遇吉只好率军退守进入宁武关。此时，李自成的大军也后脚赶到，向他发出了最后通牒：五天不投降，攻下后必屠城。

周遇吉二话不说，大叫：百户长，把老子的佛朗机大炮给我拉来，轰他！周遇吉以大炮回应李自成，几天里击杀大顺军数万人。不久之后，火药快要用完了。下属胆怯了，劝他来个假投降。

周遇吉哪里肯投降，无论真的还是假的都不行。他说："我们打胜了，全军都是忠臣；打败了，就把我绑了交给李自成。"随后他安排好伏兵，引诱大顺兵攻进内城，放下闸门，一次斩杀数千名大顺兵。仗打到这里，李自成是一点儿便宜也没有占到，加之久攻不下，李自成打算主动退兵了，却被将领们拦住："我们的兵力远远超过他100倍，10个人对付他1个，车轮战轮番攻打，必胜。"

● 人海战、车轮战

冷兵器时代的战争，在武器、战略和战术水平大体相当的情况下，决定胜负的就是两个字：人数。谁的人多兵员足，谁就可以取胜。于是大顺军后队跟前队，人马源源不断，人海战加上车轮战，昼夜不停，向宁武关发起了冲锋。周遇吉在人数上完败于李自成，城墙最后被打开了缺口，大顺军蜂拥而入。

周遇吉只好率领亲兵进行巷战，战斗中他的战马被射杀，于是他弃马步战，杀掉了几十个人。见周遇吉太过勇武，大顺军的士兵只能远远围住他，搭弓射箭，"身被矢如猬"，把他射得如同刺猬一样，再也无力抵抗的周遇吉被擒了。随后，大骂不止的他被绑上高杆，大顺士兵乱箭将他射死，又把他放下来凌迟了。

● 夫人被烧死， 宁武被屠城

目睹周遇吉之死，"城中士民感遇吉忠义"，拿起兵器与大顺军展开巷战，双方死伤不计其数。周遇吉家族里的男人，最初跟随他上城冲杀，这时已经所剩无几。男人死没了，女人上！周遇吉的夫人刘氏素来尚武，以"勇健"著称。于是，她率领几十名女眷手持武器，登上位于山顶的官衙，占据衙府的屋顶，箭不虚发，一箭射杀一人。宁武关最后的抵抗来自这群女人，大顺军不愿再付出任何伤亡的代价，纵火焚之，刘氏全家被烧死。为报复宁武关的抵抗，李自成下令屠城，"婴幼不遗"。

● 京城沦陷前最后一搏

周遇吉之死对于大明王朝意味着什么？来看看下面发生的事情就知道了：攻占宁武关之后，李自成对部下说，这一战我们死伤惨重，打进北京城，还要攻下大同、阳和、宣府、居庸，这四镇全部都有重兵把守。如果都如同打宁武这样，我们也剩不下多少人了。"不如还秦休息，图后举。"不如返回陕西休整，以后找机会再说吧。

如果没有下面这一幕，李自成攻下北京城还真是不知道要等到猴年马月了：大同总兵姜瓖、宣府总兵王承荫寄来了投降书。原本已经定下回乡归期的李自成马上改变了主意，重新向北京进发，并且兵不血刃地拿下了大同、阳和、宣府。居庸监军太监杜文秩、总兵唐通同样开城迎接。四镇如数尽归李自成所有，北京城的全部防线失陷了。

周遇吉死后被追赐为太保，谥忠武。对于周遇吉之死，清代诗人李重华曾作诗感怀：为扰潼关突蓟丘，大同搏战鬼神愁。辞家战士无旋踵，报国将军有断头。致死已摧狂孽势，迎降真恨贼臣谋。十三陵末馀抔土，千古忠魂哭未休。

周遇吉，大明王朝京师陷落前最后的勇士。明知不敌，敢于亮剑；明知必死，勇敢赴死。我们要记住的正是他不怕牺牲、勇于献身的忠勇精神，这种民族血性，无论何时都需要继承和发扬。

关于大同、阳和、宣府、居庸四镇的攻防之战，值得一提的是大同。在李自成惨胜周遇吉，与众将领决定先撤军回陕来年再战的时候，一封密信到了。随后李自成改变主意，继续举兵东进。

这封密信改变了李自成的命运，更使大明王朝陷入万劫不复之地。所谓密信，其实就是降表。写信人叫姜瓖，时任明朝大同总兵官。

要投降总要有投名状，这个投名状自然就是把大同城拱手送给李自成。但是，姜瓖面前有一个最大的障碍。什么障碍？是一个人——卫景瑗。

卫景瑗，字仲玉，韩城（今陕西省韩城市）人。天启五年（1625）的进士，曾任山西道监察御史。崇祯四年（1631）弹劾过首辅周延儒。崇祯十五年（1642）春天，升任右佥都御史巡抚大同。

周遇吉在宁武城孤军奋战时，卫景瑗力主发兵救援，姜瓖却置之不理。那时，姜瓖已经决定投降了，"潜使纳款而还"，悄悄派使臣与李自成联系，收了钱款返回。等到宁武之战结束之后，他再次给李自成写密信表明投降的决心。

卫景瑗还被蒙在鼓里，听闻周遇吉战死、李自成大军越过雁门关攻占了朔州，正向大同杀奔而来，就把姜瓖请入府中歃血为盟，相约一起与李自成决战，以死殉城。

卫景瑗铁了心要死守大同，最难受的是姜瓖。毕竟降表已经送出去了，到时候李自成率大顺军到来，卫景瑗弄一堆炮火侍候，自己就说不清、道不明了。

投降成功的关键是除掉卫景瑗。姜瓖思谋再三决定使用反间计。他派心腹四处放风说："卫巡抚本是秦人，和李自成是老乡，计划和大顺军里应外合攻占大同。"

大明王朝在大同的宗藩是代王朱传齌（jì），他正尽散家财，购买军需，招兵买马，准备光着膀子与李自成大干一场。说起来，这个人的智商很低，听到姜瓖散播的谣言之后也不去落实，就盲目决定不再召见卫景瑗了。同时，朱传齌的儿子永庆王无意中射杀了卫景瑗的一个仆人，更加深了二人之间的矛盾。加之卫景瑗当时足部有疾，很长时间不能出府活动。

巧事就这样全都凑到了一起，卫景瑗就此被架空，"兵事，瓖主之"，所有的军事活动，全部由姜瓖说了算。

要论投降最好的伙伴非亲兄弟莫属。与姜瓖共同投降的，还有他的哥哥姜瑄。

姜瑄曾经担任过昌平总兵官，在明亡前清军最后一次入关"打秋风"时，因为毫无作为被追究责任关进监狱，后来被释放出狱，他就投奔了姜瓖。姜瑄是一个坚定的投降派，认为大明王朝的气数已尽，只有投降才会有出路。

兄弟俩商量了一番，担心部下不跟随他们投降，便想到了加发饷银、收买人心的招数。但是手里没钱怎么办？只好向代王朱传齌要了，理由是加发饷银可以鼓舞守城将士的士气。朱传齌自然相信，掏出了大把银子，并且派出郡王分守城门，姜瓖又装模作样地往每个门派出200名士卒协助守城。

姜瓖的这波操作，真可谓用心良苦，先是通过反间计架空投降的最大障碍卫景瑗，自己独掌大权，又从朱传齌手里骗来大把银子散发给士卒以收买人心，让士卒甘心为自己卖命……

一切都准备好了，就等着投降那一天的到来。崇祯十七年（1644）春，大顺军兵临城下。姜瓖按约定射杀了守城的永庆王，开门迎接李自成入城。

卫景瑗还活着，这成为姜瓖的一块心病。他派人骗卫景瑗出府，称有要事相商。卫景瑗乘马出府，见街上遍布农民军，才知道城池已经陷落，慌乱之中坠落马下成了大顺军的俘虏。

按照姜瓖所想，卫景瑗被俘之后，一定会被杀死的。但是结果出乎他的意料。一个是主动献城，一个是诱捕被捉，对于这两个人，李自成认为姜瓖不忠，背主弃恩，令左右推下斩之。所幸手下大将张天琳力劝，姜瓖才保住了脑袋。

对于卫景瑗，李自成则要收他为自己所用。令所有人都没有想到的是，卫景瑗根本不买账，他大大咧咧地盘腿坐下，放声痛哭，只求速死。李自成见状不怒反喜，认为这是忠义之举，称卫景瑗是"忠臣"，并不杀他。

卫景瑗求死不得，突然站起身来，使劲用头撞向堂阶的石头寻死，血流满面，但被大顺士兵救活，架出去养伤。路上正好遇到已经投降的姜瓖，他大声骂道："反贼，与我盟誓后又背叛，神灵是不会放过你的！"

卫景瑗被收押后，李自成派人请来他的母亲劝降。母子俩相见，卫景瑗说："母亲你已年过八旬，应当自有打算。儿子是国之重臣，不可以不死。"话说得很明白了，母亲可以自寻出路，也就是含蓄地劝说母亲和自己以死殉城。

等到母亲离开，卫景瑗对周围的人说："我之所以没有痛骂李自成，是想保全母亲。"由此可见，虽然他含蓄地劝说母亲殉城，但是从内心来讲，他还是想做到忠孝两全的。

崇祯十七年（1644）三月初六，大明王朝灭亡之际，卫景瑗路过海会寺，面向南方哭拜，大呼"臣失封疆，死不尽罪，愿为厉鬼以报"，随后与母亲和儿子诀别，沐浴、整冠后，自缢而死。

卫景瑗之死，让李自成心生敬意，一再感叹他是"忠臣"，还专门腾出一间屋舍，安置他的母亲和妻儿，并告诫部下不要去侵犯打扰，又拨付了50两黄金，派人护送卫景瑗的灵柩回秦地老家安葬。

为什么李自成对姜瓖和卫景瑗的态度截然不同？这在很大程度上要归结于两个人：宋献策、顾君恩。

这两个人都是李自成的谋主。大顺政权在西安建立后，宋献策、顾君恩曾经多次劝告李自成，要他改变过去嗜杀的形象，打造一支仁义之师，同时注意收纳朝廷有名望、清廉的官员为自己所用。

显然，李自成是听进了这番劝告，同时也有了"君临天下"的感觉，因此才认为姜瓖献城是不忠之举，背叛了国家，也一再声称卫景瑗是"忠臣"……

在民间，更多人把李自成前后的变化归功于李岩，认为"李公子"才是李自成的最大谋主。

不过，无论哪种说法，面对守卫大同只是因养病一仗没打的卫景瑗，李自成不杀他，反称其为"忠臣"，表现了李自成正努力由流寇转变为所谓的仁君。

再来说一说姜瓖的结局。他投降后并不受李自成的信任，在对他的任用上有所保留，尽管仍旧让他驻守大同，但是李自成同时留下心腹张天琳等人，对他进行监督和掣肘。这个安排事后被证明是十分正确的，因为等李自成败离北京，清军兵临大同城下时，姜瓖首先想到的是把李自成留下的几员干将全部杀死。特别要说明的是，被杀死的人中就有他当初的救命恩人张天琳。

什么叫农夫与蛇、吕洞宾与狗、东郭先生与狼、郝建与老太太，看看姜瓖如何对待张天琳就明白了。姜瓖这样做，是为了向阿济格投降时献上一张投名状，就如同他当年准备杀卫景瑷一样。不过，喜欢投降的人根本就没有什么节操可言，姜瓖在顺治五年（1648）又举起造反的大旗，拥立了一个跟崇祯八竿子打不着的亲戚为帝，他还给自己封了一个大将军的职位。不过，有了"大将军护体"并不意味着就可以法力无边，阿济格率兵围剿姜瓖大半年之后，大同城内弹尽粮绝，姜瓖手下的将军杨振威等人照葫芦画瓢，有样学样地斩杀了姜瓖、姜瑄，把他们的脑袋献给阿济格之后就投降了。

唐通
TANG
TONG

唐通

● 常败将军的封侯之路

崇祯十四年（1641）的山海关注定是不太平的。

在锦州和松山一带，明清大军已经纠缠了近两年时间，双方物理层面的交流从来没有停止过。此时的大明王朝虽然早就不复当年"天下无敌"之勇，但好歹也在关外经营了十多年，13万兵马对阵11万清军自然也是略占优势。而皇太极自从继位后就一直筹划着明清间的大决战，所以宁锦防线就成了清兵南下中原的最后一道阻碍，战事也一触即发。

只不过在开战之前，双方经受的心理压力是完全不对等的。皇太极对内改革、对外结盟，实力自是不可与1626年正式继汗位的时候相提并论。而大明王朝呢？如果说宁远、宁锦之战时的大明王朝是一栋被人踹一脚就会轰然倒塌的破屋子，那么现在的大明王朝怕是还没有人动它就已经摇摇欲坠了。

提及宁锦防线，就不得不从孙承宗说起。孙承宗，字稚绳，高阳（今河北高阳县）人。身材高大，相貌奇特，满脸络腮胡子。跟人说话，声若洪钟，响震屋瓦。他最初是县学生员，在边境讲授经文。孙承宗来往于飞狐、拒马之间，一直跑到白登，又从纥干、清波故道南下，喜欢跟随一些低阶武官和老兵们探求考察军事险要地形和关隘，因此通晓边防事务。他主持辽东事务后，直接打造了关宁锦防线，目的是拒敌于关外。他还提拔重用了袁崇焕、祖大寿、满桂、赵率教等人。

孙承宗可以称得上是明末超一流的战略家。天启二年（1622），清兵攻打广宁，王化贞弃城而逃，熊廷弼也败退关内，明熹宗朱由校只好起用孙承宗掌管兵部。孙承宗上书："武将领兵，文官练兵；武将指挥作战，文官指挥调遣；武将防守边疆，幕僚全是文官；将帅领兵在外，却问朝廷攻守之法。这是当前军事的最大弊病。"

孙承宗指出了病因，也开出了药方："国家应放权给武将。挑选有气量、有谋略的人全权代理边疆事务，不受文官管制。不关心他的小胜小败，他的任务就是守住关隘，不让敌人擅自进入山海关，再慢慢收复失地。"

孙承宗的上述观点是对大明王朝立国后以"以文制武"国策的颠覆，他的胆识由此可见一斑。孙承宗的安辽之策的核心内容是：

安抚辽西；救济辽阳难民；练兵京师；增设永平大帅；修筑道路；开辟京东屯田等。

兵部尚书王在晋代替熊廷弼治理辽东，与总督王象乾关系比较亲密。后来，他依照王象乾的提议准备在山海关外的八里铺构筑关隘，并派4万人防守。袁崇焕、孙元化等人反对无果，孙承宗主动要求裁决此事。

抵达山海关后，孙承宗问王在晋："新城是调旧城人防守吗？"王在晋称要另增兵马。孙承宗说，这意味着8里的范围内将有8万部队。新城守得住，要旧城何用？要是守不住，4万新兵逃到旧城，是放进来，还是闭关任由敌人宰割？

王在晋答，关外有三道关口可以让他们进入。孙承宗说，敌人来了，我军照样逃跑，还要旧关干什么？王在晋说，准备建三座兵营，专门收容逃亡士兵。孙承宗说，士兵刚上战场就建好收容的兵营等着，这是教他们逃跑……王在晋无言以对。

孙承宗治辽的重点是防守关外：阎鸣泰守觉华岛，袁崇焕守宁远。王在晋不同意，主张守中前所，最终两个人谈了七天七夜，王在晋才被说服。此后，孙承宗完整道出了守辽案：

守辽案一：与其用百万银子筑城，不如加固宁远城。

守辽案二：八里铺4万人挡住宁远要冲，与觉华岛呈掎角之势。敌人攻宁远，觉华岛可出击，绕敌后背进行打击。

守辽案三：不能让清军靠近山海关。

王在晋离职后，孙承宗主动要求担任守辽统帅，统领山海关、蓟、辽、天津、登、莱的军事。他命阎鸣泰为辽东巡抚；命袁崇焕建造兵营；命李秉诚操练火器；命鹿善继、王则古治理军备；命沈棨（qǐ）、杜应芳修理兵器；命孙元化兴筑炮台；命宋献等人购买马匹；命祖大寿守觉华岛，命副将陈谏在前屯辅助赵率教，命鲁之甲收治难民，命李承先练骑兵，命杨应乾募辽人当兵。

阎鸣泰出任巡抚是孙承宗举荐的，后来发现他没有才干，孙承宗力主将其罢免。后来，孙承宗出关巡视抵达宁远，支持袁崇焕、鹿善继、茅元仪的意见全力防守宁远，命祖大寿修城，袁崇焕、满桂防守。

孙承宗此后上书，系统陈述了守辽核心战略："拒敌门庭之中，与拒诸门庭外，势既辨。我促敌二百里外，敌促我二百里中，势又辨。盖广宁，我远而敌近；宁远，我近而敌远。我不进逼敌，敌将进而逼我。今日即不能恢辽左，而宁远、觉华终不可弃。"

通俗来讲，孙承宗的意思就是：在山海关外拒敌，同在山海关内拒敌，是大有区别的。拒敌200里之外，同拒敌200百里之内，也是有区别的。广宁，离我远距敌近；宁远，离我近距敌远。我军不进，则敌进。既然无法收复辽东，那么宁远、觉华岛终不能放弃。

魏忠贤专权后，想拉拢劳苦功高的孙承宗，但是被孙承宗拒绝而结仇。恰逢魏忠贤打压东林党的杨涟、赵南星、高攀龙等人，当时孙承宗正在巡视蓟镇、昌平，就想面见明熹宗朱由校并借机除掉魏忠贤。魏忠贤得到讯息后，"悸甚，绕御床哭"，很恐惧，绕着皇帝的床哭泣。最终朱由校下旨："没有圣旨离开驻防之地，有违祖宗法令，违命之人绝不宽恕。"连夜让兵部尚书下三道命令并派骑兵传旨。孙承宗只好止步。经过此事，魏忠贤党徒李蕃、崔呈秀、徐大化接连上书诋毁孙承宗。天启五年（1625），关于孙承宗冒领军饷的议论风起，此后魏忠贤党羽又借马世龙兵败大做文章，孙承宗只好辞职，兵部尚书高第取代了他。

魏忠贤的党羽梁梦环巡视山海关，计划罗织孙承宗的罪名但一无所得。史载，孙承宗守辽4年，修复了9座大城池、45个城堡，练兵11万，建战车营11个、水兵营5个、大炮营2个、前锋后劲营8个，制造甲胄、器械、弓箭、炮石等数百万，开拓土地400多里，开辟屯田5000多顷，年收入15万两银子。

孙承宗辞职时力荐袁崇焕，袁崇焕得到崇祯信任后统领辽东军务。因为斩杀毛文龙，清军再无后顾之忧，绕过山海关兵临北京城下。袁崇焕回师京城不久就被下了大狱。祖大寿闻讯后率兵哗变。面对这样的危局，孙承宗选择了重新出山，布防北京城，并写亲笔信劝慰祖大寿。祖大寿也幡然悔悟并得到了崇祯的原谅。崇祯三年

（1630），祖大寿入关拜见孙承宗，孙承宗待之以诚，举行誓师礼仪，完全消除了祖大寿的疑虑。此后，孙承宗调度有方，北京城、山海关的危局全都化解，被占领的城市也得以收复。崇祯于是加封孙承宗为太傅，赐蟒服、白金，世代承袭锦衣卫指挥佥事。孙承宗推辞不受，多次上书称病请求退休。

孙承宗抗击后金的核心战略就是拒敌于山海关之外，用关宁锦防线来确保山海关的安全。因此在右屯、大凌河都有兵驻守，高第主辽后撤走部队，二城被毁。等到高第被免职后，孙承宗建议占据右屯，在大凌河筑城，逐渐向清兵腹地推进。

兵部尚书梁廷栋非常支持孙承宗，于是明朝廷投入巨资开建右屯工程，刚完工就被清兵围困。孙承宗快马赶到锦州，派吴襄、宋伟救援，但是中了清军围点打援的计策，援军于长山被打败了。在城中粮食吃完、援军到达无望的情况下，守将祖大寿率军投降。言官们总算抓住了一个机会，认为修筑城池、拒敌关外并不是什么好办法，大肆上书弹劾孙承宗。最终，孙承宗只能称病请求辞职并且被批准。很多言官又上书认为他丧师辱国，于是孙承宗被剥夺了官职和世代荫封，在家里闲居7年。

崇祯十一年（1638），清兵深入中原，大明王朝大势已去。11月9日清兵进攻高阳，孙承宗率家族拼死抵抗。清兵攻城不下只好离开。离开之际，清兵绕城大喊三次，守城人也回答了三次。清兵认为"这是守城人嘲笑我们无能",再次强力攻打高阳城,次日城破。

关于孙承宗之死,不同史料的说法有所不同,广为人知的有两种:一说孙承宗被清兵抓获,反复劝说之下拒不投降,被清兵拴在马尾巴上,策马拖拉而死。二说孙承宗在城破后被清兵抓获,押进城南老营中,孙承宗铺上苇席,向北京城的方向叩头后吊死。孙承宗终年76岁,子孙19口人"皆力战从死"。崇祯获悉此事,下令从优照顾。但是在杨嗣昌、薛国观等人的压制下,只是恢复了他的原有官职,给予祭奠下葬。

讲完了孙承宗再回头继续说松锦之战。当时的祖大寿与洪承畴等人如同1941年11月的苏联军队,那是进无可进、退无可退;而且清军不是三德子(第三帝国的德军),大明王朝也没有西伯利亚寒冬的加持。可以说,眼下骆驼已经就位,就等着那最后一根稻草从天而降了。

这根稻草最终来自对明军略有影响力的一个地点:笔架山。

● 兵败松锦

正所谓"物资不是万能的,但是没有物资是万万不能的",自开战以来,明军的补给问题一直没有得到妥善解决。尤其是在皇太极御驾亲征之后,清军更是连挖三道壕沟将明军团团包围,彻底断绝了其与后方的联系与粮食供应。

说了这么久,这个笔架山到底是干什么的呢?其实也不甚重要,不过是存放了12堆粮草,是明军被合围时的最后粮仓而已。此外,笔架山还有一绝,听名字也能感觉到它的与众不同,那就是孤悬海上,与陆地仅有一条在涨潮时会被淹没的通道相连,被称为"天桥"。话已至此,接下来发生的事情就不言而喻了。

某一日,清军趁明军疏忽发动突袭,夺取了笔架山的粮草。洪承畴只得与他的总兵官们齐聚军中大帐商议对策。最后,他们达成的一致意见是:明早突围,撤回宁远吃饭。这很好理解,毕竟民以食为天,千里马尚且"美不外见",何况是打仗多日身心俱疲的兵士?再者,对外战争经年累月的失败已严重动摇了大明王朝上下的主战心气,加之庙堂内外反对迎击清军决战的声音从没有停歇过,被党争与军中、朝中异见折磨已久的洪承畴只能寄希望于以退为进,通过突围的方式重整旗鼓,并且尽可能地打乱清军部署。应该说"回宁远就食"是此时明军唯一可行的出路,不过皇太极又怎么会想不到呢?他在明军可能的撤军路线附近安排了大量伏兵,只等时机到了就痛下杀手。

尽管皇太极足够精明,安排也十分周密,但是事实证明,猪队友永远比敌人更为致命。

这头令双方都始料不及的"猪"就是大同总兵王朴。他回到本部营地后无视洪承畴"清晨统一行动"的指令,于当夜就率部突围奔向宁远。俗话说"心急吃不了热豆腐",无人清楚王朴为何如此作为,可造成的影响却是直观而残酷的:剩下的7名总兵官争相率部突围,13万明军陷入"马步自相践踏"的混乱境地中。窥伺已久的皇太极趁机率军杀出,松锦大战以明军完败而结束,败因却是如此荒唐。大明王朝最后一次大规模对外会战就此仓促散场,这下留给崇祯的时间真不多了。

洪承畴被俘之后就投降了,跟随他的8名总兵官的结局如下:吴三桂、王朴、马科、李辅明、唐通、白广恩逃脱;曹变蛟、王廷臣战死。战后,崇祯令法司开庭问责,王朴不负众望地被砍掉了脑袋,其他人则"贬秩,充为事官"。在5名被特赦的总兵官中,有一个人自参战起就是每战必败,此后三年里更是两次举手投降,却被崇祯、顺治封侯。他就是——唐通。

● 再度升迁

松锦大战前,唐通是密云总兵。史料中没有他更多相关战功的记载,只是说他虽无"勇略"却极富有"口辩"。说白了就是打仗无勇也无谋,却是特别能说会道。干啥啥不行,玩嘴皮子第一名的唐通还有一门独门绝活,什么绝活?用现代话讲就是"喜欢在领导面前表现,特别会干眼前活儿"。这两项才能将在之后大放异彩,为他本人招来"流芳"百世的美名，也为我们展示了一个三姓家奴的观察样本。

仔细查阅唐通的履历可以发现，唐通能干到密云总兵这个职位，并不是依靠战功卓著，而是因为跟对了人，他跟的这个人名字叫陈奇瑜。陈奇瑜，字玉铉，山西保德州（今山西保德县）人。因为学习好考中了万历年间的进士，随后几经升迁成为崇祯年间的陕西左布政使。待到游民在陕西起事，经过陈奇瑜的努力，崇祯下旨免除了延安、庆阳等地一年的朝廷田赋。同时，陈奇瑜指挥部下在进剿中多有斩获，杀了数十名游民的首领。唐通当时担任陕西榆林守备，自然从中拿到了不少战绩证书，后来又跟从陈奇瑜征剿张献忠。所谓没有功劳也有苦功，随后他升任为汉中游击，直至密云总兵。松锦之战中，唐通与曹变蛟数次出击却"屡战屡败"。在战后崇祯的问责中，他被重新打发回镇守密云的原岗位。

如果没有发生意外的话，唐通的官运应该就此终结了。但是，没有意外才是最大的意外。崇祯十五年（1642）十月，多尔衮、岳托两路清军自墙子岭、青山口入塞，京师闭门自守。清军此次南下先后攻陷真定、广平、顺德、台甫等地，杀了鲁王直抵山东兖州，直到崇祯十六年（1643）四月，才陆续退回关外。这一次入关"打秋风"的清军总计降六城破三府，下 18 州 67 县，而明军出击 39 阵全部落败。京师警报解除后，永平、顺天巡抚马成名和潘永图均被斩首，还连带了大批官员同时下岗。

但是有一对"卧龙凤雏"却逃过了这次下岗潮，即"文有周延儒，武有唐通"。

周延儒此人曾是连中会元、状元而步入仕途的才子，头脑自然相当不错。他从莫名的渠道中知道清军即将撤军的消息后，向崇祯自请督师讨敌，率军驻守在通州，却是天天歌舞升平、饮酒作乐。为了向皇帝有一个交代，他居然假造一封封捷报快递给崇祯。所以等到多尔衮退兵后，他从侍郎直升为太师、大学士。俗话说，人在做"人"也在看，还不等上天发难就有人向崇祯举报他伪造军功的秘密，于是崇祯把周延儒克扣军饷、纳贿徇私、结交内侍等一众问题算了一大笔总账，最终把他赐死了。

相比到头来"吃热豆腐烫了嘴"的周延儒，唐通则狡猾多了。京师自闭门户后，他率部从密云出发，是唯一赶来勤王的总兵官。不过，在松锦战场上被后金军打服了气的唐通率军一路尾随多尔衮南下，不像是来打仗倒像是来护驾的，空耗了大半年的粮饷却始终不敢出手一战。等到多尔衮凯旋路过蓟州境内，蓟州总兵白广恩出兵截击，唐通总算顺势跟上去打了个帮手，结果却是双双大败。需要特别说明的是，上次清军路过蓟州的时候，白广恩主动率部出击，共斩杀清军三等轻车都尉斋萨穆、佐领绰克托、佐领额贝、参领五达纳、护军校浑达善5员将领，其实力可见一斑。不过奈何这次有了常败将军的帮忙，一时战斗力爆棚的白广恩也哑火了，只得重温松锦之败的苦果。

按理说，唐通的这一番操作下来，以后的仕途不能说就此打住，起码在大明王朝的升职册上应该再也"查无此人"了吧。但是崇祯的脑回路明显异于常人，在他看来，唐通是最早也是唯一赶来勤王的，不仅一直跟到最后，还跟多尔衮打了一架，此等人才岂能不被任用？因此在1643年进剿张献忠的时候，原本要派往湖北的唐通被留下来专门护卫京师，由密云总兵"升任"蓟镇中协总兵。之所以称"升任"，这是因为他由此成为大明王朝镇守九边重镇的总兵官了。

● 千古贰臣

事实证明，不是升官就能打胜仗的。唐通虽然职位升了一大截，战绩仍旧非常稳定。崇祯十六年（1643）九月，清军攻打宁远防线，唐通率兵救援，中后所、中前所、前屯卫全部失守，只保住了宁远。而宁远得以保全，主要得益于吴三桂的关宁铁骑。一无所用的唐通却再次因为"会干眼前活儿"得到赏识，战后被崇祯召见，获赐蟒服玉带。皇帝把自己才能穿的衣服和腰带送给了他，显然不当他是外人，而是当成能以命相托的资深老铁了。

崇祯十七年（1644），李自成兵临京师，唐通与吴三桂、左良玉、黄得功同日封侯并被征召勤王。又是唐通最先也是唯一入京勤王的总兵官，总算没有辜负崇祯给他的定西伯封爵和那件衣服、那条腰带。尽管唐通的到来并没有给李自成和他的大顺军带来什么实质性的威胁和伤害，但是唐通"会干眼前活儿"的劲头让崇祯大为受用，免不了对他进行了一番嘉赏，还被当作"国之柱石"安排到居庸关，与监军杜之秩共守京师门户。不过，事实是无情的，它证明当打败仗成了习惯，即使封侯也无济于事。没过多久，李自成大军杀到，唐通率军出战，不仅吃了败仗而且干脆利索地投降了。说起来原因也是很简单：唐通在前面打仗，杜之秩在后面悄悄地开关投降了。唐通腹背受敌，饱尝了一番受害者的滋味后只能举手投降，由此也奏响了他三姓家奴仕途的篇章。

平心而论，唐通此次投降虽不甚光彩但也是情有可原。也许是因为这一点，再加上他高大上的阅历等，又让李自成高看了一眼，命令他接替吴三桂去守卫山海关。就这样，坑完崇祯的唐通又开启了坑李自成的节奏。在吴三桂"冲冠一怒为红颜"之后，唐通被吴三桂打败，丢失了山海关，部下 8000 余人全部投降，自己仅率 8 名骑兵逃走。不幸的是，李自成在不幸这件事上异常幸运。面对唐通的败逃，李自成依旧选择了继续对他委以重任，在征讨吴三桂的时候把他派往"京东首关"的一片石。唐通率万余人的大顺军精锐，在这里与多尔衮一番冲杀，结果仍旧是完败。

不过，这次完败实在是让人不解。因为多尔衮所率的清军，夜晚从宁远出发狂奔数百里，人未埋锅造饭，马未停息歇鞍，同在一片石以逸待劳的唐通交锋，唐通在仅仅损失数百余人的情况下就大呼撤退，这让李自成南北夹击山海关的计划完全落空，最终导致李自成败走山海关。面对这样的败局，我们不得不猜测，在一片石战役之前，唐通就已经有了投降多尔衮的计划并暗通款曲了，上场打仗只是摆摆样子罢了。事实也证明了我们的猜测，当李自成败退到府谷时，唐通就造了李自成的反，与老上级陈奇瑜商量一通之后，杀掉李自成的部将郝安才，还顺手把李自成的几个亲戚砍了脑袋，随后据守山东德州。顺治元年（1644），投降上瘾的唐通再也忍不下去了，终于向阿济格举起双手，摇身一变，成了清朝大员，被顺治封为定西侯，加入汉军正黄旗。

戎马半生的唐通总算安顿下来，得以安享晚年直到离世。纵观他富有"传奇色彩"的一生，从大明王朝每战必败的总兵官，到投降李自成又到投降清朝，先后被崇祯、顺治封侯。身处末世，唐通以这种方式完成了自己人生角色的定格。出尔反尔，毫无忠心可言的唐通，最终在《清史列传》中被打入"贰臣"榜中，以这种丢人丢到祖宗十八代的方式"名垂青史"。

卢象升
LU XIANG SHENG

卢象升

● 卢象升之死为何 "天下为之震动"

对于大明王朝将领卢象升之死，《明季北略》中这样说：卢象升之死原因有六。一是与杨嗣昌政见相左；二是与高起潜战略不协；三是以弱抵强；四是以寡击众；五是无军饷；六是无后援。"然后五者，皆嗣昌奸谋所致"，后面五个原因都是杨嗣昌奸诈阴谋导致的。该书还说"虽然杀象升之身于一时者嗣昌也，成象升之名于千载者亦嗣昌也"。把卢象升杀掉的是杨嗣昌，成就卢象升千古英名的也是杨嗣昌。当时人们评价卢象升之死，常以"天下为之震动"来概括。为什么会有这样的说法？现在先来看看卢象升是怎么死的。

● 卢象升是主战派

崇祯十二年（1639），正在给父亲服丧的卢象升，因为清兵大肆入境，被急令入卫京师。时任兵部尚书杨嗣昌、内侍宦官高起潜则主张与清军议和，卢象升对此坚决反对。

《明史》记载，面对崇祯，卢象升坚定地说："我主张开战。"崇祯闻之脸色大变，许久才说，议和是朝臣意见，你去和杨嗣昌、高起潜商量一下。自然，主战派和主和派不会达成任何共识。

● 以必死之心迎战清兵

卢象升奉旨迎击清兵，被杨嗣昌、高起潜不断使绊子，虽然名义上统领全国的部队，实际领兵不足两万。此后又被再次削兵，手中只有拼凑起来的5000余名老弱兵士。杨嗣昌还免掉了卢象升亲信的职务，并断绝了运送粮饷的道路，同时催促卢象升尽快出关作战。

杨嗣昌之所以有这样大的权力暗中轻松对付卢象升，与明朝的一项奇葩制度有关：武将在前线领兵打仗，要受到文臣的制约，虽然指挥作战的是武将，但拥有调兵遣将权力的是文臣。这种"以文制武"的奇葩制度源自大明王朝初立时，皇帝对于手握兵权的武将的恐惧，以及老朱家对于"家天下"能长久传承的深深渴望。但是这种制度能够持续下去的前提是文臣武将协同一心，尤其是拥有相对更大权威的文臣的水平要远远高于下辖的武将，不要说堪比明朝初立时的刘伯温、李善长，还有稍晚时的于谦、铁铉、王守仁，至少水平应该与大明王朝中期及以后的白圭、王越、韩雍、谭纶、李化龙、王三善、朱燮元等人相当。但是，显然杨嗣昌同这些人相比，水平一个是处于泰山之巅，一个是处于黄海之滨。

所以，卢象升率部迎战清兵前下了这样一道军令：刀必见血，人必带伤，马必喘汗，违者斩！《明史》记载，卢象升进兵到巨鹿的贾庄，当时高起潜所部距离他只有50里，卢象升求援却没有得到高起潜的任何回应。

● 铠甲里穿着孝服战死

史载，卢象升所部在夜半时分遇到清兵。卢象升领兵激战，天明时被围，战至午后，炮、箭全部用尽了。卢象升挥刀近战，杀死清兵几十人，身中4箭、3刀死去，年仅39岁。

高起潜得知卢象升战败后，抓紧时间脚底抹油逃跑了，没有上报情况。杨嗣昌则认为卢象升没有死，崇祯只好下旨查明。结果人们在战场上找到卢象升的尸体，看到他铠甲里面穿着孝服。

● 死后80天才入殓

顺德知府于颖就上报了卢象升之死的情况，杨嗣昌却故意阻拦和隐瞒，80天后卢象升才得以正式入殓下葬。第二年，卢象升的妻子请求抚恤，第三年他的弟弟卢象晋、卢象观再次申请抚恤，都没有被允许。直到杨嗣昌死后，在没有人再使绊子的情况下，崇祯才追赠卢象升为太子少师、兵部尚书。

卢象升之死所产生的"天下震动"原因有如下三点：

其一，卢象升死后，大家认为再也无人可以制伏李自成。卢象升曾在崇祯四年（1631）训练出"天雄军"。这是一支步骑兵相间、弓弩和火器并重使用的部队，因是以大名、广平、顺德三府的军人为基础筹建起来的，而上述三府在唐朝隶属天雄节度使，所以被称为"天雄军"。史载，卢象升虽是文人出身，但是善于骑射，熟读兵法，是领兵打仗的帅才。作战中身先士卒，常近身格斗。

在与高迎祥、李自成作战中，卢象升多次获胜，有"卢阎王"之称。后来李自成兵败率部躲进陕西、湖北、四川交界的群山中，卢象升准备终极一战时，清兵围困了北京，卢象升奉命入卫京师。自从卢象升离开后，李自成率领的农民军再也无人可以制伏，陷入两线作战的大明王朝很快土崩瓦解。

其二，卢象升之死，被大家认为是主战派"旗帜"倒了。卢象升奉命入卫京师时，面对崇祯表明开战决心。其实，崇祯当时想议和，只是不主动开口，默许杨嗣昌、高起潜的议和举动。但是受到卢象升的热情鼓动，暂且同意了他开战的主张。

卢象升还数落主张议和的杨嗣昌："书呆子，你不知道城下与敌结盟，在《春秋》中是引以为耻辱的事情吗？为何天天吵吵着议和？京城里人们的嘴巴如同利刃，袁崇焕那样的灾祸你能躲得过去吗？"

其三，卢象升之死，大家认为是忠臣之死、君子之死。卢象升最终率5000多名老弱残兵迎战清兵时，畿南三府的百姓来拜访他，有人劝他移兵广顺，领兵哗变，卢象升却双眼垂泪给予回绝。

卢象升战死后，杨嗣昌派3人去察看。其中一名叫俞振龙的人，回报称卢象升确实死了。杨嗣昌出于险恶用心，认为卢象升是逃跑了，听到此人没按自己的意思回报很是恼火，抽了他三天三夜的鞭子。俞振龙被活活打死前，睁大眼睛喊道："天道神明，不要冤枉忠臣啊！"

方岳贡
FANG YUE GONG

方岳贡

● 死于刘宗敏之手的明朝最穷阁老

1644年4月30日，跟随李自成占领北京城第5天的刘宗敏，终于要向前朝的文武百官动手了！

铁匠出身的刘宗敏经过多次试验，决定把自己新研制出来的夹棍付诸实践。新研制的夹棍"夹木俱有棱，铁钉相连"，两名投书求官的原明朝官吏成为试验品，在天街用刑后，第二天人就死了，这个试用效果让刘宗敏很满意。

次日午后，原明朝文武官员被勒令进入刘宗敏府内，"幽闭饥饿一日夜"。到第二天点名确认之后绑上800人，5人一组，轮番接受拷饷。刘宗敏吃罢午饭才露面，照着花名册逐一检录，认领者多的达数万两，少的也是近千两。花名册无疑是拷饷的主要凭证，被写进花名册的，不死也要扒层皮下来。当然，多数官员不会待到扒皮就赶紧认领了饷银。

● 拷饷拷出一个清官来

但是到了一个人这里，出了意外。此人叫方岳贡。

看职务，大明王朝的阁老，响当当的核心辅政大臣；看年限，1622年中进士后步入仕途，为官长达22年……这样一个官员应该能榨出肥厚肥厚的油水吧！

但是大刑拷打"两个日夜"，方岳贡愣是一分钱也没有认领。这难道就是传说中要钱不要命的主儿？

刘宗敏等不及了，派人登门去搜查。很快，回报的结果出来了：只搜出来5件布袍、1条犀带和皇帝钦赐的元宝2锭。这就是堂堂一名阁老的家当？为此刘宗敏大感不解："阁老何以一贫至此？"意思是：你一个阁老为何贫穷到这种地步？

刘宗敏不相信，大顺士兵也不相信，于是继续扣压方岳贡，不打出钱来不算完事。恰巧，李自成前来察看拷饷情况，随口问了一句"正被用刑的是何人"，有人告诉他，是一个铁公鸡，叫方岳贡。

"原来是此人？我知道。"李自成说，"方岳贡是清官，他哪儿有什么金银财宝……"这下大家才相信，被拷打的这个人确实是无钱可交。

不过，李自成如何知道方岳贡是个清官的呢？

― 方岳贡 ―

这事儿要上溯至崇祯十二年（1639）。当时，张献忠在谷城降而复叛，准备再大干一场。要搞事就要有钱，钱从何来？张献忠盯上了一个人——方岳宗。看名字就知道他和方岳贡是一家人，没错！他是方岳贡的亲弟弟。

谷城是方岳贡的老家，兄弟俩一心攻读学问，方岳宗虽然没有哥哥那么幸运考中进士，但也是极有名望的乡贤士绅。这样的人家肯定有不少钱。于是，张献忠就把方岳宗拘禁起来，向他索要钱物。方岳宗却是一毛不拔，大呼"家贫无余财"。张献忠哪里肯信，派兵上门搜查，结果正如方岳宗所说，家里除了五车书籍和一点儿散碎银子之外，被方岳宗认为最值钱的，就是兄弟俩的一堆来往书信。

在多封书信中，方岳贡向弟弟申明自己"但求民安，民安则心安"的心愿，表达了"余财赘物也，一浆一书足矣"的观点。看罢兄弟俩的通信，张献忠生出敬仰之情，命人修书一封送往时任松江知府的方岳贡府中，信里说"使为官者人人皆如我公，百姓不受朘（juān）削之苦，献忠何能起事"。意思是：假如当官的都如同您老这样清廉，不剥削百姓，我张献忠怎么会闹出造反这一套事呢？

张献忠与方岳宗则成为"不拘形骸"的朋友，两个人经常在一起品酒论英雄。方岳宗的酒品极差，每喝必醉，每醉必闹事，掀桌子砸板凳是常有的事情，一次酒后还打了张献忠。张献忠却毫不在意，称赞方岳宗是"壮士"，有侠义之气，要与方岳宗再痛饮三杯。

方岳宗能与张献忠成为好哥们儿，实在是拜哥哥之功。而张献忠结交了当朝清官弟弟的消息不胫而走，自然也传进李自成的耳朵里了。方岳贡，这位明朝最穷的阁老先后赢得了张献忠、李自成的尊敬。

● 方岳贡的真实角色：不过是背锅侠

要说起来，方岳贡是火线入阁的。

方岳贡在天启年间中进士后，最初担任六品户部主事，后任松江知府、山东漕运副使。在崇祯吊死煤山的前一年，经人推荐骤升为左副都御史。他之所以能进入崇祯的这次提干名单，跟他的能力是分不开的。方岳贡出任松江知府时，松江沿岸的土塘堤不能阻挡海水，连续数年淹没大量农田。方岳贡经过实地勘察并听取各方面的建议后，提出"改土为石"防止海水内灌的办法，在松江沿岸修筑石塘堤以阻挡海水内灌。最终，方岳贡克服了资金、工程进度和施工难度等一系列问题，修筑起江南地区的第一个石塘堤坝，解决了海水内灌的问题。在山东漕运副使的位置上，方岳贡的表现也非常抢眼，清廉又能干，做人还十分低调，让晚期无官可用的崇祯大开眼界。

崇祯十七年（1644），在北京城破前一个多月，方岳贡被崇祯破格提拔为户部尚书并正式入阁，成为俗称的"阁老"。

方岳贡当了20年的六七品小官，人生最后两年以坐直升机般的速度进入内阁，即使有天大的本事，面对大明王朝的残局也已经无力回天了。从这个角度上讲，崇祯不过是又给自己找了一个背锅侠而已。

● **方岳贡以身殉国**

得知方岳贡是个清官，刘宗敏只好将他释放了。不过，方岳贡以身殉国的决心已定。

李自成与吴三桂在山海关大战前，有传言称崇祯的太子已死，方岳贡深知复国无望，捂着心口失声痛哭，"遂勺水不进"，几天后"整衣冠"开始绝食，准备殉国。

此时，刘宗敏又盯上了方岳贡，派人让他为李自成起草诏书。方岳贡前脚迎来刘宗敏的使者，后脚就悬梁自尽了。

这位大明王朝最穷的阁老，赢得了张献忠、李自成的尊敬，最终死于刘宗敏之手。方岳贡，大明王朝的末世清官，以死守护了自己的清名。

毛文龙
MAO WEN LONG

毛文龙

● **小人物毛文龙为何走红网络**

毛文龙，一个历史小人物，默默无闻数百年后，近年来突然走红，被广大网友吹捧。一个人流芳百世，要么史书有记载，比如卫青、李广、霍去病等人。要么代代相传，家喻户晓，比如梁山泊108将。毛文龙两者都没有，也没有关于他的考古发现，怎么就红了呢？

关于毛文龙在网上突然爆红，不外乎如下两个原因：

其一，毛文龙不死，大明不会如此早亡。

有人认为，毛文龙死后14年大明就亡了，此人不死，大明不会早亡。此言为何？因为有人把崇祯十二年（1630）视作大明王朝败亡的分水岭。这一年，崇祯把袁崇焕杀了。袁崇焕死后，"边事益无人，明亡征决矣"。辽东战事无人可依，明朝灭亡确定无疑了。

为什么杀袁崇焕？因为崇祯十一年（1629）皇太极率军 10 万，避开宁远、锦州防线，突袭北京，袁崇焕统领援军赶来与后金激战……战役中发生了一件大事：皇太极施反间计，迫使崇祯凌迟处死了袁崇焕。当然，袁崇焕之死并非单纯的只是因为皇太极的反间计。

后金兵临北京城下，使崇祯对袁崇焕失去了信任：你说 5 年平辽，如今辽没平，后金兵跑到我城门楼子下了。

为什么后金兵会突袭北京城？为什么之前必须走宁远、锦州而不敢冒进？说到底，是因为皮岛上有个毛文龙。

皮岛是如何成为毛文龙根据地的？《明史》对毛文龙以皮岛为根据地抗清的记载较为简单。《明季北略》的记载则比较详细：毛文龙从军后，先是在辽东总兵李成梁部下任内丁千总。在武举考试中名列第六，升任百户长、辽阳千总，3 年后升任辽阳守备。明熹宗朱由校继位后，袁应泰命毛文龙督造火药，两个月完成，加游击衔。辽东巡抚王化贞爱惜毛文龙之才，招为练兵游击。

随后，王化贞命毛文龙率千总张板等 4 人、兵 200 人、海舟 4 艘、500 石军粮到辽东募兵。毛文龙在广鹿岛募兵 2000 人，留下守备苏其民驻扎，抚民 700 人；在店岛，留下千总张继善、任光先驻扎，抚民 200 人；在石城岛，留下张板和何国用驻扎，抚民 400 家。

上述各岛的岛官原本已经投降后金，如今见到明军到来，腰板硬了，重新以后金为敌。毛文龙又先后收复鹿岛、长山岛、小长山岛、色利岛、章子留岛、海洋岛、王家岛、至弥串堡，所到之处"驻军抚民，归者甚众"。

至弥串堡本属朝鲜，200里处就是鸭绿江。过江是镇江城，此城于万历庚申年间被后金攻占，由后金总兵佟养贞率千余人据守。7月的一天夜晚，毛文龙率兵97人趁夜色浓厚突袭，攻下镇江城，"献俘王化贞捷奏"，被授予广宁都司兼副总兵，驻守镇江。后金发兵5万要夺回镇江城，毛文龙到朝鲜借兵抵抗，最终因兵力悬殊战败，退出镇江城。毛文龙与部下商量，要在附近找个海岛驻扎下来，专门偷袭截杀后金军。千总李景先原本是辽人，熟悉各岛的情况，他说："皮岛最为合适。"

于是，毛文龙率兵北行500里登上皮岛，岛上空无一人，遍地蛇、虎，就全部射杀之，此后驻兵皮岛，流民争先归附，岛上聚集了上万人。皮岛因此成为毛文龙的根据地，后来被升格为东江镇，毛文龙任东江总兵。他的这个军事经历同其他抗清将领的不同之处是什么？那就是毛文龙是白手打天下的，完全依靠自己的能力，从97人大战至弥串堡再到在皮岛上拥有数十万余人，毛文龙确实是一个天生的军人。此后"文龙居岛，联络朝鲜，招携辽庶，达数十万众，时以游兵出没海外，牵制清兵，使不得深入山海"。

因为有毛文龙在后方"捣蛋",后金被牵制,无法深入关内与明军作战,这就是毛文龙的最大作用。在这个过程中,后金也曾经设想招降他,结果毛文龙是真真假假、虚虚实实,骗来了大量军备物资……皮岛对后金军有什么牵制作用?清廷修订的《明史》,对于毛文龙这个东江总兵和皮岛的作用嗤之以鼻,认为毛文龙曾从鸭绿江一线进军长白山偷袭后金,被击败,"众尽歼";后来派兵从义州西渡江,上岛屯田,被后金守将袭击,"斩五百余级,岛中粮悉被焚";还曾经出兵袭击后金营寨等均大败而归。

后金出征朝鲜,担心毛文龙背后偷袭,曾经派兵攻打,毛文龙战败,撤回皮岛自守。《明史》称,毛文龙的皮岛虽能牵制后金,但他无大谋,每战必败,浪费军饷无数,只顾经商挣钱,贩卖禁用物资,靠人参、布匹发财,皮岛实在是没有什么军事作用。

但是,对于皮岛的作用,时人还有另外一番说法——毛文龙曾经对部下说:清兵进攻关内,陆路必须走镇静堡,守住广宁就可以了。水路必须走三岔河,我守在这里就能在水上截击偷袭他们。这样,广宁安全了,山海关也就没有什么危险。而且毛文龙在被袁崇焕斩杀前说,我以97人夺镇江,皮岛募集流民90余万,各岛为掎角,接受朝鲜粮饷救济,与商人诚信交易,屯田冶铁,"斩将复城",六七年来只受国家银150万两,米90余万石……

毛文龙和他的皮岛对后金的牵制作用,有一场战役可以说明:

崇祯元年（1628），皇太极派出和硕贝勒莽古尔泰、贝勒济尔哈朗、副总兵刘兴祚率2万大军进攻东江，毛文龙率8000人迎战，后金大败而逃，刘兴祚投降，这是后金立国后投降大明王朝的最高级别的将领。刘兴祚归正后向毛文龙献计，其兄等人在萨尔浒城，可以里应外合偷袭破城。

萨尔浒城位于后金的大后方，是囤积粮草的重镇。毛文龙派耿仲明、曲承恩等人千里奔袭，昼伏夜出，抵达萨尔浒城并且派出细作入城，与刘兴祚之弟刘兴贤、刘兴治等人里应外合，攻破城池。耿仲明入城后"斩级三千，生擒六十九人"，胜利还师。

史载：后金攻取大明王朝的城池，多依靠细作内应攻城。毛文龙的皮岛军在萨尔浒"以其道还治其人之身"。后金于是产生"密通书崇焕，订前约，图文龙"的想法，袁崇焕中计并且最终斩杀了毛文龙。

可以这样说，毛文龙在皮岛对后金的牵制作用是巨大的，等于后金的大腿上长了一颗瘤子，虽然不要命，可时不时痛上两天也会让你迈不动腿、抬不起脚、受不了痛啊。毛文龙死后仅仅3个月，10万后金兵就杀到了北京城下，满桂战死，袁崇焕被杀。

其二，袁崇焕不死，大明不会如此早亡。

袁崇焕被崇祯处死，罪责之一就是擅杀大将。这里的大将自然是指毛文龙。正二品的袁崇焕矫诏杀死从一品的毛文龙，这在历史

上是绝无仅有的。《明史》记载袁崇焕杀毛文龙的起因有二:

第一,毛文龙虽能牵制后金,但是没有谋略,征战常失算。每年浪费军饷无数,并贩卖禁运物资给后金。名义上驻兵援助朝鲜,实际"妄出边塞",以变卖人参、布匹等发财为能事。

第二,毛文龙被文官弹劾浪费军饷、滥杀俘虏,应该撤职,被兵部驳回。袁崇焕也曾经请求派人清理毛文龙的粮饷。毛文龙讨厌有文臣管理自己,上书反驳。后来毛文龙拜访时,袁崇焕按宾客之礼迎接,毛文龙毫不谦让,袁崇焕就下了除掉毛文龙的决心。

《明史》记述袁崇焕杀毛文龙列举的"十二该杀":不接受文官对军马钱粮核查的祖制;杀降假冒战功;饷银不发给士兵,只发三斗半米;部将千人冒称同姓,副将、走卒、轿夫穿官服;强娶民间女子;驱使难民盗窃人参;拜魏忠贤为父;设镇8年,不能收复一寸土地……

细看所谓的"十二该杀",多数是罗织凑数的。退一步说,即使都是真实存在的,也至少应该经过三法司开庭审理定罪之后才能动刀杀人。所以,袁崇焕也意识到杀毛文龙不合规,他面向京城磕头:"今天杀毛文龙整顿军纪。将领中有和毛文龙一样的都要杀。我不能做到的话,皇上也像杀毛文龙一样杀了我。"然后,取下尚方宝剑在帐前把毛文龙砍杀了。

此后,袁崇焕还上书崇祯:"毛文龙是大将,我不能擅杀,请皇上治罪。"可是崇祯能怎么办？当时正是重用袁崇焕之时，只好默认此事，还下诏肯定他。先斩后奏，还"得了便宜卖乖"，让皇帝吞下无法吐出的苦果，袁崇焕的政治经验可以打零分了。

毛文龙死后，清兵打到北京城下，袁崇焕驰援，见到崇祯时提出了"兵马疲惫，进城休息"的建议，崇祯不同意。想想也是，你带全副武装的边关重兵进皇城是几个意思呢？此后皇太极设离间计，谣言四起，"拥兵纵敌"的袁崇焕只能死了。

小人物就是这样改变大历史的：如果毛文龙在，后金兵不会冒险杀到北京城下，就不会有袁崇焕千里驰援，就不会有袁崇焕被杀，广宁将士不会分崩离析，就没有孔有德的叛乱……崇祯也不会被大明王朝的文臣武将抛弃，更不会在毛文龙死后14年就自绝于煤山。

● 唯一能节制毛文龙的人

说起毛文龙的故事，不能不提及另一个人：他是能节制毛文龙的人，也是努尔哈赤唯一的对手。

毛文龙在皮岛开镇后，所有拿得出手的战绩，都是在他主政登莱防线时取得的。他离去后，毛文龙被袁崇焕矫诏杀死，大明王朝的海上长城随后崩陷，再无回天之力。

他是唯一能打痛努尔哈赤的人。一战夺取后金四卫中的三卫，策反了努尔哈赤的姻婿刘兴祚……因此他成为后金永远的痛，其生平事迹都被刻意抹去，在《明史》中仅有只言片语，从这个角度上讲，清王朝希望他被历史彻底遗忘。

他就是袁可立。

袁可立，字礼卿，万历年间进士。他在首任登莱巡抚陶朗先被正法、辽东经略袁应泰自杀、熊廷弼和王化贞被处死后，由崇祯"授节钺"赴边，与孙承宗共同打造了登莱防线。因为感叹毛文龙的"胆智"，上任不满10个月就力荐毛文龙，使其加阶并获赐尚方宝剑。

毛文龙为什么被如此重用？是因为毛文龙所部"联络朝鲜，招携辽庶"，常出游兵袭扰后金，这让努尔哈赤兵发山海关时会有后顾之忧。虽然毛文龙并非正面作战，杀敌有限还常冒功领赏，但是袁可立看重的正是他在后金腹地打游击的独特作用，何况毛文龙还取得了安州大捷、鸭绿江大捷……

● 成功策反努尔哈赤姻婿

刘兴祚原为辽东开原人，后被建州女真"虏掠"从军，深受努尔哈赤赏识，是大贝勒代善的正红旗副将，一度掌管金、复、海、盖四州，这是后金的四卫重镇。袁可立上任后与刘兴祚暗中建立了秘密联络的通道，双方数次相互试探后，刘兴祚与袁可立达成了弃金归明的共识。

最终，刘兴祚使用替身冒充自己战死疆场，真身则成功地回归大明。被蒙在鼓里的努尔哈赤，悲伤之余赐予刘兴祚"姻婿"，厚之以礼。而且后金四卫中的金、复、盖三卫全被袁可立夺回，登莱防线范围内的海陆失地千余里尽归大明王朝，这是大明对后金作战中一次空前绝后的胜利。

● 努尔哈赤唯一的对手

努尔哈赤曾评价袁崇焕："我自从起兵以来，没有谁能抗衡，让我丢脸。袁崇焕这个傻小子是干什么的？竟然能做到。"那么，努尔哈赤是如何评价袁可立的呢？因为袁可立被刻意封杀，我们已经无从得知，但下面的这段话是袁可立在抗金前线作用的最好注解——

"公去登莱不数载，而登莱遂败。公一意治师，塞要害，焚盗粮，联络诸岛，收复旅顺，而海上晏然……公又去十余年，而朝鲜沦陷。"

以上是明朝文学家黄道周所言，大意是：袁可立离职登莱没有几年，登莱防线就溃败了。他复出回归后，全部心思都放在治军上，派兵占据军事要塞，烧毁后金粮道，各岛相互依托形成合力，收复了旅顺口，千里海岸线一片安然……再次离职后只有10余年，朝鲜就被后金攻陷。

由此可见，袁可立与孙承宗擅长谋划战略不同，他不仅是战略大师，也是优秀的首席执行官。

● 被《明史》刻意封杀

翻看《明史》，袁可立并没有被立传。现在人们的共识是：他被刻意封杀了。被封杀的原因有二：

一、刘兴祚被成功策反回归大明王朝，却成为后金阵营中的英雄，让努尔哈赤蒙羞，这使后来入主中原的清廷难以释怀。因此要刻意抹去这段历史，避免让努尔哈赤"圣主"的形象受损。

二、天启年间朝鲜发生李倧弑君篡权之变，袁可立竭力主张"声罪致讨"。事实证明他的眼光很准，李倧后来也倒向了后金的怀抱，让朝鲜变成后金的藩属国。修订《明史》时，朝鲜多次向清廷诋毁袁可立有"贰臣行为"，实为报一己之私。

最终，袁可立在清廷修订《明史》时被刻意无视，所有关于他的文字资料都被禁毁封杀。幸亏有黄道周所作《节寰袁公传》、董其昌撰文并书的《节寰袁公行状》在清亡后重见天日，袁可立才能够重新回到现代人的视野里。

天启皇帝朱由校对袁可立有极高的评价：精神折冲于千里，文武为宪于万邦。袁可立甚至可以视作朱由校留给朱由检守家的股肱之臣，只是朱由检一味听信袁崇焕，误己误国。

吴三桂

WU SAN GUI

吴三桂

● 吴三桂一怒为红颜的真相

提起吴三桂，人们最为熟知的是他一怒为红颜的故事，那么他降清果真是因为被刘宗敏抢了陈圆圆吗？

不知道你是否读过吴三桂写给父亲吴襄的诀别书，"父既不能为忠臣，儿亦安能为孝子乎？儿与父诀，请自今日。父不早图贼，虽置父鼎俎之旁，以诱三桂，不顾也。"这封诀别书里，吴三桂大义凛然，"父亲您既然不能做忠臣，儿子我又怎么能做孝子？儿子与父亲诀别，就从今天开始。父亲没有早日谋取破贼之计，现在就算逆贼把父亲放在油锅旁，威胁利诱我，儿子也不会多看一眼。"

有人说，这封诀别书颠覆了吴三桂的固有形象，有为吴三桂洗白之嫌。确实，近年来从网络开始，对吴三桂的历史评价已悄然变化，从最初献关降清的投机者和卖国者，正变成卧薪尝胆、忍辱负重的志士……

● 吴三桂首鼠两端，是十足的投机者

明朝灭亡的头一年，吴三桂就暗暗联系已经投降大清的舅舅祖大寿，为万一有变时寻找后路。此时的吴三桂很明显已经怀有二心，他首鼠两端，两边押宝。在第一次北京勤王中更是行军缓慢，避免与清兵大战从而结仇。

第二次北京勤王，吴三桂率领大明王朝最强大的军队——关宁铁骑，3天走了不到200里。为何？因为吴三桂患上了"选择困难症"，仍在继续脚踏两只船。但是他没想到大明王朝亡得这么快，于是只好开始了新一轮的投机。

● 于李自成、多尔衮两边再次投机

明亡后，吴三桂与李自成联络表示归顺，但他又暗通多尔衮，筹划搞南北朝。吴三桂正是此时写了那封诀别书。当时的背景是：吴三桂听说刘宗敏捉住并拷打父亲吴襄，并霸占了陈圆圆，而且李自成让牛金星假托吴襄之名，送来了一份劝降信。

吴三桂看信后大怒："我吴三桂堂堂大丈夫，岂肯降此逆贼，受万世唾骂，忠孝不能两全……"就斩了李自成的来使。于是"三桂遂往乞师，大清主许之"，吴三桂向大清借兵，多尔衮同意了。

随后吴三桂攻破山海关，向李自成发出檄文，给父亲写了诀别书。

李自成收到吴三桂的回信和前方反馈后，斩杀了吴襄和其族人百十余口。为了"秦淮八艳"之一的名妓，吴三桂牺牲父亲和吴氏百十余口族人的性命，当真是"冲冠一怒为红颜"。也许正是这段历史让热衷于洗白吴三桂的人如获至宝。

● 充当多尔衮的急先锋

吴三桂激战李自成，初战不利之下求救于多尔衮。随后李自成惨败，有明一代八旗骑兵无法踏入半步的山海关，关门大开，清军入主中原。此后，吴三桂为了向新主子表忠心，积极剿杀李自成，还全力攻取西南各省。可以说哪里有大明王朝的反抗，哪里就有吴三桂的杀戮。

在剿杀南明的战役中，吴三桂更是充当了急先锋，追兵至缅甸，重创南明军队，迫使缅王把永历帝和家人交出。1662年6月15日（农历四月十五日），永历帝和其子朱慈煊被吴三桂弦杀于昆明。吴三桂向多尔衮交出的这个投名状，沾满了鲜血。

现在来专门说说永历帝。南明永历帝是被吴三桂弦杀的，在此之前，永历帝已经决定放弃生命，就在这个时候，一位小人物的出现几乎改写了历史。

永历帝被吴三桂用弓弦弦杀前四个月，曾经与吴三桂有过一段对话。据《清圣祖实录》《阳秋实录》记载，永历帝被缅甸军骗送至吴三桂的军营里，永历帝和宫眷住进了"公所"，当天晚上永历帝一直面南而坐，没有睡觉，一直坐到了天亮。

跟随吴三桂的原明朝将领天亮后陆续前来拜见永历帝，行跪拜大礼，恭敬地退出。随后，吴三桂前来觐见，就发生了下面一幕。

● 落败皇帝余威仍在，叛国者十足心虚

最初，吴三桂大模大样的很是傲慢，以胜利者的姿态向永历帝行了拱手礼。

永历帝问：阶下站立者何人？

吴三桂"嗫不敢对"。

再问，吴三桂马上跪拜"不能起"，又问数声，才报上姓名。

永历帝严厉地质问：你难道不是汉人吗？你不是大明臣子吗？为何叛国负君到这种地步？你自己问下自己的良心何在？

吴三桂默然无法回答，跪在地上如同死人一般。

永历帝最后说：今天也就这样了，我本在北京，想祭拜祖宗陵寝后再死，你能帮我做到吗？

吴三桂回答：我能做到。

永历帝命其退下，吴三桂却站不起来，左右人上前扶助着才离开，走出来时他已经面如死灰，背部衣服也已经被汗水湿透。此后,吴三桂再也不敢见永历帝了。

● 哀莫大于心死! 永历帝已无复国之志

四连问之后,永历帝让吴三桂变得哑口无言。随后他表示想祭拜一下先祖皇帝的陵墓再死,实际上已决定放弃复国之志了。哀莫大于心死!永历帝早就已经知道复国无望了。

暂且放下南明那些内斗不说,先来看看逃入缅甸的南明文臣武将是如何混吃等死的,就明白为什么永历帝心如死灰了。据《狩缅纪事》《皇明末造录》记载:一众南明的流亡官员随着永历帝逃入缅甸后毫无忧君之念、复国之志,继续追求享乐生活,"短衣跣足,混入缅妇,席地坐笑"。他们穿着短裤光着脚,同缅甸妇女席地而坐,嬉笑在一起。这样的做派,不就是前来游山玩水的游客吗?哪有一点儿亡国之臣的样子?永历帝听说后,派人巡夜,督查官员的起居作息,但是这些流亡官员们借机"张灯高饮,彻夜歌号"。此时的永历帝染脚病昼夜呻吟。

中秋节的时候,锦衣卫指挥使马吉翔、宦官总管李国泰同皇亲王维恭夜饮,并让王维恭命家中的一名女戏子献唱,女子回绝道:皇帝寝室近在咫尺,这个时候了还要享乐……王维恭抓起棍子就打。永历帝听见后搬出了"太后新丧,不宜有乐"的理由才制止住。

绥宁伯蒲缨、太监杨国明等人开赌场，日夜吵闹不停，永历帝命令锦衣卫拆毁赌场，但这些人换了个地方继续赌。后来马吉翔、李国泰向永历帝索要内帑（tǎng）救济，已经拿不出钱来的永历帝只好把金质国玺扔到地上，让他们凿碎分了。两人当场扑上去，把国玺凿碎，分割成若干块，大小一二两不等，派发给流亡官员。整个过程中，只有典玺太监李国用在苦苦哀求他们。

● 永历帝放弃复国，并未放弃生命

通过永历帝与吴三桂的对话，我们已能感受到永历帝放弃复国打算，计划以身殉国了。不过，《沥胆遗事》则有另外一个记载：

大明王朝的旧臣黎维祚得知永历帝被关押在吴三桂军营中，打通关节得以拜见。永历帝大哭不止，黎维祚泪流满面，暗中告知：臣将奔告各军，率兵在路上接驾。暗示永历帝在吴三桂押送他去北京时，将召集大明王朝的旧臣武将集合兵力半道"劫驾"。

也许正是有了这个暗示，永历帝才会在见到吴三桂时，提出要回北京祭拜先祖陵寝的要求。但是在永历帝心中，他已决定放弃复国了，因为他当时就给黎维祚表态："你可以向川东十三家的大明忠臣们表明，如果能把我救出去，我只愿修行归入佛家。"

想活命，不想复国当皇帝，这是永历帝最后的心态。据记载，永历帝"手剪御衣一片"，密写书信一封。黎维祚带着书信"昼夜兼程抵荆侯营"，计划在贵州"劫驾"。但是，吴三桂担心在去北京的途中遇到不测，提前下手在昆明处死了永历帝。黎维祚计划落空，假装疯癫，不知所踪。

对于黎维祚此人，何官何职不详，生死何年不知，"劫驾"失败后下落不明。他只是历史上的一位小人物，但危急时刻挺身而出。如果不是吴三桂提前动手，黎维祚的出现也许会改写历史。

● 后人评价：因为一个女人忠孝两失

我们要承认的是，历史上还是有很多人对吴三桂的真实面目有清醒的认识："以一妇人而忠孝两失矣。"让大清轻而易举夺取了大明王朝的江山，吴三桂因为一个女人宁肯不忠、不孝。

至于吴三桂的老年起兵，声称"共举大明之文物，悉还中夏之乾坤"，只不过是为了私利再次演戏而已。如果不是清朝要撤藩，吴三桂会令部属"蓄发，易衣冠"吗？逍遥于云南30多年，如果不是无法如愿"永镇云南"，吴三桂会向清朝发布檄文"窃我先朝神器，变我中国冠裳"吗？说到底，吴三桂就是十足的明朝罪人、清朝反臣。

有人疑问：吴三桂起兵若能成功，历史将如何描述他的经历并为其洗白？其实，作为一个无军事战略思想、无民族大局观、只贪图个人享乐和不忠不孝之人，吴三桂的起兵是注定不会成功的。历史没有假设，即使有假设，也不会是吴三桂。

● 晚年起兵反清，进一步暴露真面目

吴三桂晚年联络耿精忠、尚之信起兵反清。作为沙场老将，大明王朝最精锐部队——关宁铁骑的统领、清朝的平西王，他最终却败在少年皇帝康熙的手下，原因是什么？现在看来，是因为他的一个举动尽失人心。这也让今天的我们能够进一步看清吴三桂的真实面目。

吴三桂被大清封为平西王之后，奉命节制云贵一带的官员，有封授官员"西选"的权力，可以越过朝廷直接任命"西选官"。同时，还能铸币发行，直接控制云贵的贸易市场。他通过经商敛财、强征市税等办法，拥有了大量的财富。他的军队，基础来自关宁铁骑，同时吸纳了大量李自成的残部，战斗力十足。

正是有了这些力量支撑，1673年因为撤藩问题，吴三桂才敢以"奉旨总统天下水陆大元帅"之名起兵，他打出的旗号是"反清兴明"，并且拥立前明的"朱三太子"——这是非常具有号召力的一招，因为"兴明讨虏"使他的起兵有了一定的鼓动作用。

史载，经营云贵14年的吴三桂在反清之初，接连攻克贵州全省、湖南衡州。加上耿精忠、尚之信二藩的党羽纷纷响应，四川、广西、陕西、河北等地先后起事，一时间九州震动，形势对吴三桂非常有利，康熙则陷入手忙脚乱之中。湖南、江西、福建、广东、广西、云南、贵州、四川、陕西、甘肃等省相继拥戴吴三桂，以其马首是瞻。

就在此时，吴三桂做出了一个令人难以置信的举动：1674年，他在湖南衡阳称帝，定国号为"周"，改衡州府为"应天府"，建造宫殿95间，象征九五之尊；封张氏为皇后，孙子吴世璠为皇太孙；封文武百官，颁制新历，铸造发行新币。同时开科取士，一切仿照明朝的样子，并且要求大江南北"蓄发，易衣冠"。

吴三桂起兵之所以能得到纷纷响应，就是他打出的"兴明讨虏""反清复明"的旗号具有一定的蛊惑性。但是，在起兵的次年就称帝，定国号为"周"，这与他打出的旗号自相矛盾，让当时的人们彻底看清了这个当年号称"为君父报仇"、打开山海关迎八旗铁骑入关者的真实面目，从而也尽失人心。

在称帝当年的秋天，吴三桂就于内外交困中病逝。其孙吴世璠退守云南，清康熙二十年（1681）昆明城被清军攻破，吴世璠自杀，吴三桂的"周"朝也画上了句号。

王象春
WANG XIANG CHUN

王象春

● 写济南百泉诗，他儿子的一只鸡亡了明朝

济南以七十二名泉闻名于世，有"泉水之城"的称誉。在泉城盛名广播天下的过程中，有一位"奇情孤诣，绝才异骨"的诗人功不可没，他就是明朝末年《齐音》的作者王象春。

明朝万历四十四年（1616），因为受到一起考场舞弊案的无辜牵连，王象春率全家移居到济南，娱情于山水之间，买下了位于大明湖百花洲畔大诗人李攀龙的故居——白雪楼旧址，并且建造了问山亭。

在济南期间，王象春只用4个月就写出了咏颂济南风景的诗集《齐音》（又名《济南百咏》）。全集诗作107首，咏颂了济南的山水泉湖、名胜古迹、节令风俗、神话传说等。

《齐音》对于济南来说，是具有史志意义的诗作。当时人称：

"况历旧无专志，今百咏所载，千秋之作备矣。"

此话怎讲？就是说：过去的历城（济南），一直没有专门记载山水泉湖等内容的风景志书，现在有了这本《齐音》，所记载的内容可弥补数千年来的这个遗憾，实为"千秋之作"。

至今，书中记载的内容在济南民间广为传播，也是民俗学者、专家的案头必备。

熟知明朝历史的人都知道明朝的灭亡和一只鸡有关。这只鸡的主人，就是王象春的儿子。事情经过是这样的：

在皮岛守将毛文龙被袁崇焕矫诏斩杀之后，毛文龙的旧将孔有德、李九成、耿仲明等人被分散处置，成为宁前道孙元化的属下，守卫登州，是辽东与后金作战预备部队的重要将领。

崇祯四年（1631），皇太极统兵围攻大凌河城，守将祖大寿受困。孙元化奉命派孔有德领兵渡海增援，孔有德说瞎话不打草稿，"托言风讯不利"，俨然成了"海洋天气预报员"，他说海上将有大风不利于越海，只好改走陆路。但是，孔有德"初无往意，勉强前赴"，到头来依旧是"沿途观望"，走走停停，同年 11 月 27 日率部行军至山东吴桥（今河北吴桥）时，因一只鸡暴发了叛乱，史称"吴桥兵变"。

史载，辽东兵与山东兵素来不和，加之孔有德的军队军纪松散败坏，沿途"民皆闭门"，吴桥县城"闭门罢市"。恰巧又遇上了雨雪天气，"兵无食宿，皆怨"。于是一个士兵就到王象春在吴桥的家里"攫鸡犬以食"，也就是偷了一只鸡，或许还有一条狗，就这么煮着吃了。

王象春的儿子大怒，直接去找孔有德告状。且慢！不用老爹出手，王象春的儿子就能到辽东铁骑"司令部"找"总司令"算账，胆子也太大了吧？可人家有胆大的本钱，因为"新城王氏"是名门望族，势力十分强大。

那么，势力强大到什么地步呢？新城，就是现在的山东淄博桓台县新城镇，王氏家族是新城的官宦世家。从王象春的曾祖算起，上下五代人全是进士，曾祖父官至兵部尚书，祖父官至户部员外郎，其父任浙江按察使，其兄任浙江布政使，王象春本人为工部员外郎，后任吏部郎中。

王象春的从兄王象乾更牛！万历四十七年（1619），朝廷在新城为王家建造了一座四世宫保坊，用来表彰时任兵部尚书的王象乾"总督蓟辽，威名著九边"。

什么是四世宫保？就是从王象乾开始追赠三代：父亲王之垣、祖父王重光、曾祖父王麟，四代人均为"光禄大夫柱国太子太保兵部尚书"，也就是民间通称的"宫保"。

面对这样一个家族，一个辽东部队的"总司令"算啥？无奈之下，孔有德只好把偷鸡的士兵捆起来"贯耳游营"，即用箭插穿两

个耳朵在军营里游街。于是士兵哗变,把王家的吴桥庄园焚毁了。王象春之子逃跑。

此前,孔有德曾经派李九成去塞外买马,可是李九成外出后吃喝嫖赌把钱花光了,因为担心治罪,就来到吴桥找孔有德。看到只是因为一只鸡就被"贯耳游营"的事件,他同儿子商议"反亦死,不反亦死",父子俩一不做二不休,绑上孔有德到演武场要求其谋反,孔有德于是举兵叛乱。这支辽东铁骑倒戈杀向了登州城,一路狂杀滥烧,所到之处是一片焦土。攻克登州后又围攻莱州并最终占领莱州。

把打后金时候的劲头全部用来打自己人,牛刀杀鸡,自然是所向无敌。明廷无奈之下,只能从关外调来关宁铁骑参与平叛。孔有德的士兵这下子扛不住了,败退到莱州城内,"杀人为粮,熬人为烛"。后来,李九成战死,孔有德、耿仲明等人从海上逃走,又被大明军队围追堵截追杀两个月,孔有德、耿仲明这回敢做不敢当了,干脆率余部投降了后金。

后人说,吴桥兵变是明朝灭亡的导火索。为什么呢?这是因为:

1. 相较于抗金前线,山东是明朝的腹地,对前线物资和人力支持、稳定全国的作用至关重要。这场叛乱导致山东巡抚徐从治、登莱巡抚谢琏等人被诛杀,兵部尚书熊明遇被罢官,登莱巡抚孙元化被诛杀，山东巡抚余大成被治罪，山东巡按王道纯被革职。这些人的治罪或被杀让山东的战时管理体系完全乱了套，难以组织起力量对前线进行战略支援。

而且，孔有德、耿仲明的叛军所到之处更是惨不忍睹，莱州"残破几三百里，杀人盈十余万"，"莱城之内五六月，巷堆白骨"，"登州荼毒年余，贼所至屠戮，村落为墟"。大明王朝的内陆腹部地区变成了这个惨状，哪里还有力量去支援前线？

2. 更为关键的一点是，孔有德投降后金时，把大明王朝辛辛苦苦从西方引进的火炮等重型武器拱手送给了后金，并且有专业的兵士操作使用。这让后金获得了当时世界上最先进的武器装备和技战术手段，拥有了明朝之前一直具有的重型武器方面的战术优势，所以后金在日后对阵明军的时候可以攻城破土，所向披靡。

3. 后金和大明王朝的战略平衡被打破，东江的牵制作用完全丧失，大明王朝的关外军事力量只剩下关宁军。仅过了52年，大明王朝就宣告灭亡了。

吴桥兵变的第二年，王象春在天下人的非议中病故。他给济南留下了一部千古之作《齐音》，如今的大明湖百花洲畔，他的故居白雪楼已完成了修缮。为了纪念给济南百泉写诗志的王象春，明府城内的一条小巷被命名为"问山巷"，语出王象春的"问山亭"。

光时亨
GUANG SHI HENG

光时亨

● 崇祯父子本不会连锅端，光时亨却为李自成送神助攻

崇祯十七年（1644）正月，大明江山到了最危险的时刻。

崇祯唯一能做的就是拼命往外面派太监。干什么用呢？监军！高起潜监军宁前镇；卢惟宁监军天津、通、德、临津；方正化监军真定、保定；杜勋监军宣府；王梦弼监军顺德、彰德；阎思印监军大名、广平；牛文柄监军卫辉、怀庆；杨茂林监军大同；李宗允监军蓟镇中协；张泽民监军西协。

17岁继位的崇祯，一直渴望通过"殚心治理"而"慨然有为"。如今，他把身边最信任的人几乎全打发上了战场。

在这次"遣内官监制各镇"的举措中，牛文柄监军卫辉、怀庆被认为是最大后手，即万一北京失守，卫辉、怀庆均可退守。由此看出，崇祯对时局已经做了最坏的打算。

随后，崇祯又押宝了两个人：魏藻德、方岳贡。魏藻德被火线晋升为内阁首辅，总督河道、屯练，去往天津；方岳贡被火线提拔进入内阁，总督漕运、屯练，去往济宁。

对于这两项人事安排，合理的解读是，崇祯又多留了一个后手，那就是北京失守之后可以暂时退守天津，济宁是扼守大运河的主要节点城市，陆路走不了，还可以走水路。

但是魏藻德、方岳贡到头来谁也没有走成。因为崇祯又改变主意了，他规定各级官员谁都不准出城，"出即潜遁"，谁出城就认定谁是逃兵。

也许，在崇祯的心里，他正在反复推演着195年前的一幕吧。

195年前，明英宗朱祁镇御驾亲征遭遇土木堡之变，也先率瓦剌大军兵临北京城下，朝中文武大臣在于谦的率领下合力打响了北京保卫战，最终击退瓦剌军队……谁能说195年之后，这一幕就不能重现呢？

于是，崇祯"命府部大臣各条战守事宜"，让各府部大臣针对如何守城献计献策……

但现实是残酷的，世间再无于谦于少保。

北京，文华殿。崇祯召见的府部大臣，没有一个人能拿出对策。最终递上来一道奏折，来自都察院左都御史李邦华、少詹事项煜、右庶子李明睿。奏折中提出两大主张：皇帝南迁或者东宫太子监抚南京。

上奏折的人并非一时兴起，之前他们曾经私下讨论过多次：退守南京，是皇帝亲行，还是只让太子朱慈烺（lǎng）南行？最后，李明睿认为，太子年岁尚幼，少不更事，"禀命则不威，专命则不敬"。太子年纪还太小，不能独自治理国事，如果去了南京之后事事仍要请示崇祯则树立不起威信，如果去了南京独断专权则是对崇祯的大不敬。这样看来就不如皇上亲行了，但是皇帝已经表态要死守社稷。两难之中，如何取舍？拿不定主意的这些人，在奏折中出了一个选择题。

没有想到的是，这道奏折令崇祯勃然大怒："你们这些人平日里都是怎么说的？如今国家安危到了这个地步，没有一个忠臣义士为朝廷分忧，却在讨论这种问题！国君死社稷，是古今以来的正理。朕志已定，不要再多说！"这是崇祯明确表示要殉国。

但是，他没有解答太子南行这道题。

不久后，一个坏消息传来：周遇吉死了！他是挡在北京城前的最后一堵墙。李自成摧毁这堵墙后，进京之路就变得一马平川了。

宁武被屠城之后，居庸关、昌平、宣府不战而降。北京城开始坚壁清野，厂卫捕头严查通敌和释放悲观风声的大臣，实行保甲连坐，"巷设逻卒，禁夜行，巡视仓库草场"。

崇祯早就坐不住了，他在中左门召兵部尚书张国维、庶吉士史可程、进士朱长治等人问策。结果，这些人再次提出"太子南行监国"，并且首次提出要选出忠贞老臣辅佐太子。

提议不是选择题，很容易解答！但是没有等来结果。崇祯选择了不置可否，连勃然大怒也省去了。

也许，崇祯信奉人多力量大，认为召开一次扩大会议就能够解决问题，他在中极殿召开了有"文武大臣、科、道"参加的会议。你别说，人多了是管点儿用，会议终于拿出了几招：命内监分守九门，严禁出入；命李国桢提督守城并主守西直门；九门各安排"勋臣一，卿亚二"；下诏让文武官员鼎力相助。

扩大会议上还有一个议题，是大学士李建泰所提——请驾南迁，愿奉太子先行。

旧话重提，崇祯不得不重视起来。他又在平台召对群臣："李建泰上书，劝朕南迁。国君死社稷，朕将焉往？"

大学士范景文、左都御史李邦华、少詹事项煜率先回应，三人一致赞成南迁并提出"先奉太子抚军江南"，意思是：可以让太子早走一步，先期抵达南京，以抚定人心和军心。

君王死社稷确实是"古今君道之正"。崇祯一心求死可以理解，如果太子朱慈烺能在辅政大臣的陪同下赶到南京，"以镇根本之道，以系天下之心"。进则，可号令东南明军进京勤王；退则，不至于父子被一网打尽。通过历史发展结果反推，之前被群臣进行道德绑架、架到道德火炉上死烤的崇祯,这次大臣的建议让他是心有所动了,"决不南迁"已经不是不可动摇的唯一选择。

历史证明,这是给大明王朝和崇祯的最后一个机会:只要崇祯父子不被连锅端,无论是太子朱慈烺,还是定王朱慈炯、永王朱慈照,只要有一个人到了南京,都比弘光帝、隆武帝、永历帝名正言顺,关于南明正溯问题的内耗将不复存在,君臣同心之下,与多尔衮多过招几年,甚至同南宋那样偏安江南以图后举也并非不可能。不过,历史同时证明,多数人都抓不住最后的机会。崇祯也不例外,只不过,这次真不能只让崇祯来背锅。

因为在最关键的时刻,一个人挺身站了出来。此人叫光时亨,时任兵科给事中,从七品小官。

光时亨站出来是要说话的,他气宇轩昂地大声说,要奉太子去南京,你们这些小子们到底在想什么呢?随后,他自问自答地说了11个字——将欲为唐肃宗灵武故事乎,是要学习当年唐肃宗在灵武称帝的举动吗?

唐朝安史之乱时,在马嵬兵变中杨国忠、杨玉环兄妹被诛杀,太子李亨与父皇唐玄宗李隆基分道扬镳,唐玄宗入蜀到达成都。李亨分兵北上抵达朔方军的治所灵武。不久之后,李亨在部下的拥戴中登基为帝,是为唐肃宗,玄宗则被遥尊为太上皇。

光时亨所说的"唐肃宗灵武故事"就是指"李亨叛父"擅自

继位一事。这个帽子扣得太大，没有人敢戴。范景文、李邦华、项煜等人谁都不敢接招了。

崇祯也就不再深究此事。在那一刻，他对时局还是抱有幻想的，所以又一次询问战守之策，众臣依旧默然不语。

至此，一切都成了死局。战不能战，逃不能逃。无论是皇帝还是太子、诸大臣，全都在等死，一个不能少。

于是，崇祯说出被后世质疑的一句话：朕非亡国之君，诸臣尽亡国之臣！说完，拂袖而去。

此后，李自成过昌平进高碑店，农历三月十七日的半夜，守城太监打开广宁门，李自成进入北京城……天亮时分，崇祯吊死，太子、定王、永王等人被一网打尽。

现在想想，光时亨那11个字，无疑是为李自成送出的一记神助攻——我最想要的结果，你恰巧就给送来了。说光时亨是大明王朝灭亡的最佳助攻手，大概没有人反对吧。

其实，崇祯不一定非要拉上太子和王子们一起在北京殉国，他完全可以让永、定二王分藩江浙和两广，至少让残明将士在江南拥立皇帝时，不会争论不休。通过对史料的研读，可知崇祯在生命的最后时刻里，已经完全被大臣们道德绑架，选择"死社稷"实属无奈。所以后人对崇祯"死社稷"多有负面评价，认为——

李自成已经势如破竹，南迁是唯一选择，光时亨认为是"邪说"，此事就被放下了。当年，也先借土木堡之变率瓦剌大军兵临京城。徐有贞曾提议南迁，皇帝没听，固守京城打退了敌人，社稷平安。光时亨肯定也是持有这种想法。如果认为光时亨说错了，国君之死对社稷有意义吗？如果认为李邦华说错了，难道承受徽钦二帝当年之辱可行吗？二者得失必有可辩之处，似乎赞成光时亨的人多些，但试问今日将相，你们真能成为于谦那样的忠肃大臣吗？不能，则应南迁图存，不失为自救之策。

所以，上策应该是崇祯死守社稷，"得古今君道之正"。太子则应由大臣辅佐着悄悄南迁，在南京镇守，守住根本，情形紧迫时号召东南王师勤王，再不济，也不会父子被一网打尽。不仅是太子应该南迁，永、定二王也应该分守浙、粤以防意外。

不过——光时亨，有你在，一切都成了假设。

其实，这个小官光时亨敢在朝堂上公开反对南迁，是因为背后有人在撑腰，他们是内阁大学士陈演、魏藻德。这两个人与李邦华、李明睿等人的政见不合，因此借助光时亨来反对南迁。

下面介绍一下围绕南迁一事争论不休的相关人物的结局：被认为"怕死而南迁，想挟太子效仿唐肃宗李亨剥夺唐玄宗实权"赞成南迁的人，多数在崇祯死后赴死；反对南迁，让崇祯"死社稷"的人多数拜倒在新权力下谋求富贵……

光时亨——李自成攻打京城时，他和御史王章巡城，王章被杀，光时亨坠城折断大腿，匍匐爬进尼姑庵，半夜自尽被尼姑救下。后被李自成大军所抓，过御城河时，他和御史金铉投河，金铉淹死，光时亨被救起。

两次大难不死，光时亨最终投降了李自成，担任大顺朝的兵科给事中。李自成在山海关兵败逃走后，光时亨就投奔了南明。马士英弹劾他："光时亨力阻南迁，使先帝身死；他投降李贼，实为大逆不道。"于是被杀并弃尸闹市。

陈演——作为内阁首辅，京城攻陷后，被刘宗敏囚禁。崇祯助饷时分文不交的他，此时主动上交4万两白银而被释放。李自成随后出兵山海关，担心大明王朝的旧臣作乱，将其斩杀。

魏藻德——李自成入京之后抓住他时曾经问："你身为内阁首辅为何不殉国？"他说："我正想着怎么为新皇帝效力，哪里敢死去。"这个回答真是无耻不要脸到了极点。反对崇祯助饷声音最响的他，被刘宗敏的夹棍折断十指后，交出白银万两。刘宗敏继续拷饷，逼他交出全部财产。五天五夜拷打之下，最终脑浆迸裂而死。

李明睿——李自成攻陷北京，他潜逃回乡，沉迷于山水和美姬，蓄养美色，内有数名南吴美女，号称"八面观音"和"四面观音"。这些美女后来被明朝旧臣所购，献给了吴三桂。康熙十年（1671）李明睿病死，始终没有出仕清朝。

李邦华——北京外城被攻陷后，李邦华到城内的文天祥祠堂过夜。次日内城失守，李邦华对着文天祥的灵牌三鞠躬："邦华死于国难，请让我跟随先生到地下吧！"又写绝命诗一首："堂堂丈夫兮圣贤为徒，忠孝大节兮誓死靡渝，临危授命兮吾无愧吾。"写毕，吊死于梁下。南明追赠他为太保、吏部尚书，谥号忠文。清朝追赐他谥号忠肃。

李建泰——奉命到保定驻守抗击李自成，因病无法掌控全军，中军郭中杰投降，李建泰自杀不成被抓。清兵入京后将其从狱中放出，征召为内院大学士，后罢官回乡。顺治年间，明朝降将姜瓖反叛，李建泰响应，兵败而归。李建泰对家中50名小妾说："我今天必死，你们谁愿随我同死？"无一人响应，最终李建泰被擒杀。

范景文——京城陷落后，范景文赶往皇宫。宫人说："皇上出宫了。"他又赶往朝房，见乱军堵住道路。随从人员让他换下朝服回家，范景文说："皇上走了，我哪能回家？"他在路旁破庙中写下遗书："身为大臣，不能灭贼雪耻，死有余恨。"随后跳井而死。南明追赠他为太傅，谥号文贞。清朝追赐谥号文忠。

吴麟征

WU LIN ZHENG

吴麟征

● 为明朝殉国两次，守卫西直门，是九门中唯一不降者

崇祯十七年（1644）农历三月初六，宣府失陷了。对于李自成来说，京师近在眼前。

局势发展之快，超出了所有人的预料。当李自成兵临山西时，崇祯派出高起潜、杜勋等十路内府宦官到各镇监军。

但是，从大同失陷到宣府失陷，中间只隔了5天。

勤王的吴三桂、左良玉、黄德功依旧音讯全无。京师靠谁来守卫呢？显然只能寄希望于现有人手了。内府宦官外派监军时，已经把京营精锐全部带走了，如今能登城一战的士兵只有"羸弱五六万人"。加上内府宦官数千人姑且也能一用吧。

这就是守卫京师的全部力量。此时的崇祯终于醒悟了：吴麟征的建议是正确的！

吴麟征，天启二年（1622）的进士，1632年升职吏科给事中，1644年升任太常少卿。李自成攻打山西时，他给崇祯写了一封《请徙宁远疏》的上书，核心内容是以最快速度令吴三桂入关勤王。

建议的首倡者，其实是时任蓟辽总督的王永吉。他在吴麟征之前就建议崇祯皇帝命令吴三桂放弃宁远防线，火速退守山海关，再选派精锐回京，"旦夕可援"，可以用来防备李自成的到来。

收缩防线，以最后的军事家底关宁铁骑守卫京师，无疑是行之有效的办法。崇祯却是举棋不定，他把王永吉的这条建议下发给百官，让大家讨论，马上得到了吴麟征的坚定支持。但是内阁首辅陈演、阁老魏藻德认为不可行，理由是："无故放弃关外200里土地，我们不敢承担这个责任。"两个人还引经据典，以汉朝放弃凉州导致割据的故事证明此议不能施行。

吴麟征依旧坚持己见，写了数百字的奏议《请徙宁远疏》。为了增加分量，还找六科官员联名上书，可是一个签名也没有搞来，不过这并没有阻挡他上书的决心。

接到上书的崇祯，选择了不置可否。直到此刻面对"烽烟彻大内"的严峻形势，他才开始后悔"不用麟征言"，便给王永吉下了一道圣旨，让吴三桂火速回京。吴三桂接旨后，率50万铁骑日行数十里，于三月十六日抵达山海关，并马上奔向京师……

太晚了！大明王朝的生命，已经开始进入倒计时。

崇祯十七年（1644）农历三月十四日，京师白昼如夜，浓厚的雾气笼罩了一切。

崇祯命司礼太监王承恩总督内城、外城的防卫，京师九门都安排了内府宦官把守。最后的危急时刻，他选择把宦官作为最信任的人。

大战一触即发，有人再次劝说崇祯南迁，得到的是一番怒斥："你等平日只顾结党营私，今日死守京师，不要再多言！"

随后，崇祯召来百官问策。第一天只问饷银问题，群臣答非所问，提出"闭门止出入"，即关上九门不允许出入，其余措施一条也拿不出来。第二天崇祯召对"御寇方略"，群臣都哑巴了，一句话也没问出来。第三天召对钱粮、安定守城将士之心的问题，会议还没开到一半，有人送来一封信，崇祯看后脸色大变，马上走入内殿。群臣站起来候诏，不一会儿来了诏令，让大家各自回家。

发生了什么事？原来是吴三桂的救兵没等来，等来的却是昌平失守的消息。当夜，李自成沿沙河进军，兵临平则门，趁夜放火抢掠，火光冲天。

5天后，农历的三月十八日，北京。崇祯最后一次早朝，最后一次面对群臣。

除了哭，大家再无办法。

随后，坏消息一个接一个到来：李自成已过卢沟桥；李自成开始攻打平则门、彰义门；城外三大营战败，李自成夺下火炮开始攻城……京师已被团团包围。

参加京师守卫战的士兵"不用命，鞭一人起，一人复卧如故"，没有人拼命杀敌，都躺在城墙上晒太阳，监军用鞭子抽打起来一个人，另一人又躺下了。为什么这样？是因为京营断饷已经5个月，这次参战的士兵每人才发百钱，后勤补给也没有，吃饭要自己到城下买。

怎么办？给士兵火线发奖金！崇祯狠下心来，拿出"库金20万犒军"。当天，有京师的平民痛哭着跑来捐饷，有人捐300金，有人捐400金……他们得到的是"锦衣卫千户"的封赏回报。

皇帝的这个封赏是永远不可能兑现了。因为谁都知道，大明王朝的大势已去。此时的北京城里，李自成派出的军事间谍扮成商人，成为诸多文武官员的座上宾，六部衙门里充斥着李自成的眼线，专门刺探内幕消息，掌握了所有的讯息。京师派出去的探马出城后大多数投降了，"无一骑还者"，还把守城信息透露给大顺军。明军各营相继被攻占，守营将领纷纷"厚贿"结交大顺军首脑，以给自己留下后路。

吴麟征从来没有想要给自己留后路。

他被崇祯派去守卫西直门。西直门是李自成攻进京城的必经要冲，大顺士兵来到后假扮勤王部队要求进城，没有什么作战经验的监军宦官轻易受骗,下令开门放人,但是被吴麟征识破了,坚决不同意开门。大顺士兵向城上大喊:"快点开门,否则攻下后必屠城!"监军宦官害怕了,大炮"不实铅子",也就是不放炮弹,只是打空炮,徒有漫天火焰和轰鸣声。放炮前宦官还挥手示意大顺士兵注意别崩着,等对方退后做出防备了才点火发炮。

对于大顺军来说,这仗打得痛快,攻城时居然有守军放礼花烟火助兴,只差开门奏乐跪迎了。于是大顺士兵把木头、石块填到护城河里急速攻城,驾起飞梯攻打西直、平则、德化三门。

虽然是一介文人,吴麟征也有一定的军事知识储备,他派出士兵用泥土、石头堵紧西直门,西直门立刻变得坚固起来。做好了基础防卫工作后,他又从士兵里招募了一支敢死队,从城墙上吊下去向大顺军发动突袭,一时斩获不少。这是京师守卫战中,大明王朝军队唯一主动冲出去发动的反击。

午后,吴麟征跑回朝堂求见崇祯。遇到吏部侍郎沈惟炳守卫宫门,他对吴麟征说:"根据规定,内宫有宦官守卫,百官不得入内,你说怎么办?"吴麟征没有答话,推门而入,太监王德化见到吴麟征后说:"皇宫守城的人怎么这样少?请快点儿增加人手。"

吴麟征走到午门,遇到魏藻德,他叫住吴麟征说:"在兵部调度下,粮饷已足备,先生何事如此慌张?"吴麟征听到此话泪流满面,提出要拜见崇祯。魏藻德挽起吴麟征的手,没有往宫里走而是往宫外走，一边走一边忽悠他说："大明有齐天之福，肯定不会有祸事发生。再等一天或半天，军队和粮饷都来了，先生你有什么可慌张的？"魏大忽悠把吴麟征劝出了内宫，吴麟征又回到了西直门。

当晚，十路监军宦官中被派驻宣府、已经投降的杜勋拜见了崇祯，替李自成传话，要求崇祯逊位，被崇祯坚拒驳回。

崇祯十七年（1644）农历三月十九日，北京。继位后以勤政闻名的崇祯，破天荒的第一次没有早朝。经过一夜守战，城墙上的守军逃跑后剩下的屈指可数。兵部侍郎王家彦痛哭失声，称他所守的城墙"两堵仅一卒"把守。

清晨时分，崇祯下旨要御驾亲征，并且召来了妹夫——乐安公主的驸马巩永固，让他率领家丁护送太子去南京。巩永固回答："臣哪敢私蓄家丁，即使有的话，怎么打得过李自成？"

接近中午，崇祯召来王承恩，令他召集内宫人员作为亲征的主要人马。

可是御驾亲征还有用吗？下午申时，彰义门率先打开，守城太监曹化淳开门献城。随后七门齐开，恭迎大顺军入城。

九门中，只有一门始终没有打开投降，那就是吴麟征把守的西直门。

可是这还有用吗？吴麟征已尽到了自己的职责。其他的，就不是他所能改变的了。

所以，吴麟征决定殉国。

他返回官邸，发现那里已经被占领，就走进旁边的一座祠堂里，给家人写下了遗书："祖宗打下270多年的江山，一夜间沦陷，天子即使再悔恨也晚了，百姓所受灾殃无可避免。身为谏议大臣，我对祖宗江山无所匡救，依法应脱掉袍带入葬。因此我入殓时穿青衫、戴角巾，用被单盖着，以此来表达我的哀痛吧！"

他解下袍带准备悬梁自尽。不过，这只是他第一次殉国。因为家人及时赶到，把他抢救过来了。看见吴麟征仍然要执意寻死，家人围着他哭求："至少等祝孝廉来了，你们告别一下，这样行吗？"吴麟征同意了。

祝渊，祝孝廉，字开美，浙江海宁人。崇祯六年（1633）中举人。曾经为营救刘宗周仗义执言被下狱，他跟吴麟征是好友。次日，闻讯后的祝渊赶来了。

好友相聚，只剩下了对激情岁月的回忆。吴麟征说："当年考中进士时，我梦见刘宗周吟咏文天祥的《过零丁洋》。如今山河破碎，我只求一死，除此之外还能怎么样呢？"

死是一种解脱，有时也是一种升华。比如为国而死、为无法尽忠又不愿屈身事敌而死……这种死是洒脱的，也是淡定的。吴麟征给祝渊倒满酒，喝下后说了一番祝福的话语，第二次上吊殉国。

祝渊亲眼见证了吴麟征青衫、角巾入殓下葬之后才离开。此后数年里，他追随刘宗周南下，因不满弘光帝任用马士英、阮大铖，上疏弹劾未果而愤然离职，待到南京被清兵攻破，祝渊在老家不愿意投降绝食而死，年仅32岁。

吴麟征、祝渊，两个好友可以在九泉之下相聚痛饮了。

李国桢
LI GUO ZHEN

李国桢

● **第一个为崇祯哭灵，争来帝礼之葬，为何历史口碑仍很差**

"硝烟彻大内"，紫禁城里，崇祯数日召见文武大臣"问今日方略"，得到的答案无非是"练兵、加饷"这些正确的废话。

北京城到底怎么守？崇祯打出了最后两张"王牌"：一是王承恩，二是李国桢。王承恩督守九门；李国桢提督城守，守西直门。

在百官皆可杀的崇祯眼里，最后时刻能信任的只有宦官，因此他才让王承恩承担北京九门的督守任务。九门中西直门是"京师要冲"，因此崇祯把李国桢派往了西直门。

为何选择李国桢呢？这是因为他自带人生光环。

李国桢是襄城伯，这个爵位是祖传的。第一代襄城伯叫李浚，是跟着朱棣发动靖难之役的功臣，朱棣当皇帝第一年就封李浚为襄城伯。第二代襄城伯叫李隆，是跟随朱棣北征的主要将领，担任过京城总禁军。第三代叫李珍，跟着朱祁镇亲征，战死于土木堡。

从永乐至崇祯，历代襄城伯全是行伍出身，始终没有淡出过大明王朝的军事核心层。第十代襄城伯李守锜曾经被崇祯授予总督京营重任。传到李国桢这里，已经是第十一代。

顶着这样祖传的人生光环，想不被崇祯重视也难，毕竟那是在信奉"老子英雄儿好汉"的年代。人们普遍认为，族群血脉里的尚武细胞具有遗传性，因此没过两天，崇祯又给李国桢安加了新头衔：总督京营，加太子太保。

除了一众贴身内官之外，在文武百官中，崇祯给予李国桢这样的信任是非常罕见的，这说明他已经把李国桢当成了最后一根救命稻草。

不过，这根稻草真正派上用场，却是在崇祯在歪脖子树上吊死了之后。

外城已破，内宫烽烟可见。这是崇祯十七年（1644）农历三月十九日的拂晓。崇祯仍旧照常登上御前殿，亲手鸣钟，集百官朝会，但是没有一个人到来。

就在数小时之前，朱由检做了最后安排：让人护送太子朱慈烺到国丈周奎府中；让人护送永王朱慈照、定王朱慈炯到皇亲田弘遇府中；命周皇后、张皇后、袁贵妃自缢殉国；剑刺长平公主、昭仁公主……

这是最后时刻。如今，崇祯要做出自己的选择了。

他把贴身内员遣散，环顾四周，看见只有宦官王承恩没有走，就挽起王承恩的手，步入内苑。

此时的京师，顺成、齐化、东直、得胜、平子、顺成、齐化、正阳八门齐开，只有西直门依旧没有开门投降。大顺军涌入内城，守城的士兵争相脱掉战衣、扔掉刀剑，"惟恐知其为兵卒"，就害怕让人看出来自己曾经是大明王朝的守城士兵。

崇祯登上煤山寿皇亭，在亭前"逡巡久之"，围着亭子徘徊良久。最后叹了一口气："吾待士亦不薄，今日至此，群臣何无一人相从。如先朝靖难时，有程济其人者乎？"这句话的意思是：我待诸臣不薄，如今到了这个地步，群臣怎么没有一人跟随。如同先前建文皇帝靖难时，如今还有程济这样的人吗？

程济，这就是崇祯临终前最后惦念之人。

为什么最后时刻崇祯要念叨程济这个人？

为什么直到崇祯吊死，传旨手握重兵的"大佬"，大家都是见死不救呢？

让我们一个问题一个问题来解答。

程济，朝邑人，建文帝即位后被任命为岳池教谕。这是一个基层教育岗位，是县学的教育官员，主掌文庙的祭祀。

这个人在大明王朝历史上是一个特殊的存在，时人称其为"有道之士"。

"有道"在何处？据说，程济任教的岳池，离他故乡朝邑有数十里远，程济每天一早一晚在朝邑吃饭、睡觉，还能按时到岳池上下班，"学事不废"。每天倏忽而至又倏忽而去，这在只能靠骑马走路的人看来，程济是用了"道术"。

程济的"有道"被满朝皆知，源自他的一封上书。

建文帝即位不久，程济上书声称自己通过夜观天象，预测"某月某日北方兵起"，暗指燕王朱棣将要兴兵起事造反。

此言一出，满朝哗然。

建文帝不认可这等言论，下令将程济抓至京城杀掉。程济则大呼冤枉，见到建文帝后仰面说道："陛下幸囚臣。至期无兵，臣死未晚。"请陛下开恩把臣下我囚禁起来，如果到那时候没有人兴兵，再杀我也不迟。

于是，程济被下了大狱，就等他跟建文帝打的这个赌谁输谁赢了。

结果不出程济的预言所料。建文元年（1399）朱棣起兵靖难，挥师南下。建文帝只好把程济无条件释放，并授予翰林院编修，以参军身份随军讨伐朱棣，结果淮河一战失败，程济只好奉命还朝。

建文帝询问他为何打了败仗，程济回答："臣本无领军打仗的才能，只能以自己所长为皇帝逢凶化吉。"

等徐州一战南军（明朝政府军）获胜，建文帝令人在徐州立碑，把诸位将领的战功、姓名刻上以示纪念。在这次刻碑立传中，程济又火了一把，他一夜之间来往于南京和徐州之间进行了"祭碑"，谁也不知道他是如何做到的。

关于这次立碑还有一个后话。说是朱棣最终赶跑建文帝当上皇帝之后，有一次路过徐州，见到这个石碑勃然大怒，让士兵用铁锤把石碑打碎。刚刚击打了几下，朱棣突然想起来什么，说："停、停，把碑文上的人名给我记下来。"然后按照碑上所记的人名，逐一对号入座，"族诛，诸将无得脱者"，被记下来的人，没有一个能逃脱族人全被诛杀的命运。

不过，程济是一个例外。因为最初击打的那几下，恰好把他的名字凿掉了，无法分辨出来，因此他的族人得以免除被全部诛杀的命运。

该来的最后还是来了。建文帝四年（1342），朱棣绕开山东防线，打败南军，兵临金陵。随后发生的事情有两种说法：

一是，南京金川门被攻打下来之后，程济逃走，不知去向。

二是，建文帝装扮成僧人逃走，身边跟着程济。没有人知道他们两个人的最终下落。如同"建文帝到底去了哪里"一样，程济与建文帝的生死就此成为难解之谜。而相关野史对此事的记载则生动了许多，说是建文帝在最后时刻把程济叫来，问他有什么办法，程济说:"天数已定,只有出走才能生还。"

如何逃出生天?程济说先帝朱元璋给他托梦,只要按照他指引的方法做就可以了。随后程济说:"先帝传位前,把年少时使用的一个箱子留了下来,有难时可以开启。"

建文帝果真在内宫中找到了这个箱子,原来是朱元璋年轻时以僧人身份云游四方时所用的箱子。打开后看到里面有度牒3张、袈裟一件、僧帽一顶、白银十锭。箱内还有一把剃刀,于是建文帝就用这把剃刀剃度,给自己理了一个光头。

程济声称,先帝梦中嘱咐他"从鬼门出,水西门御沟内停有逃生的小舟"。按照此言行事,果真见到一叶小舟正在等待建文帝的到来,驾舟人是神乐观的道士王升,对方声称同样是因为朱元璋托梦而来。所以,建文帝、程济等人得以逃出京城,最终落脚滇南。

此后,建文帝"每遇险,几不能免,济以术脱去",只要是建文帝遇到被追杀的险情,眼看要死的时候,程济总会有化险为夷的办法,所用的办法自然是"道术"。据载,程济跟随建文帝数十年,建文帝死后,程济也不知去向。

距离这段"神仙往事"已经过去了240多年。自我了结之前,崇祯惦念之人竟然是程济,他内心究竟在想什么呢?

或许,崇祯幻想着在生命的最后时刻,有一位程济这样的"有道之人",凭借人力所不能及的神秘力量,带领他逃出京城,去一个地方安享余生。

或许,崇祯盼望着将死之时,文武百官里突然站出来一位旷世奇人,以常人难以想象的方法,拯救他的生命……

平生仅是诛杀总督和巡抚等一品大员就有19人的崇祯,最后时刻所想的两个字就是:活着。

好死不如赖活着!下至平头百姓,上至天子皇帝,无人能免俗。

当然,对于崇祯来说,这只能是无法实现的梦想了。

最终,他在那棵歪脖子树下叹息:"想此辈不知,故不能遽至耳。"可以想象现在的这些平庸之辈,肯定不会具备程济的道术,所以不能及时赶到这里来救我。

叹息过后,崇祯"遂自经于亭之海棠树下",在寿皇亭的海棠树上吊死了。

王承恩,在对面缢死。

是的,程济始终没有出现。

如果要评最勤奋的皇帝,崇祯无疑会上榜。如果要评最被文武百官厌恶的皇帝,崇祯无疑也会上榜。《明史》记载:崇祯十七年(1644)农历正月二十八日,面对即将兵临北京城下的李自成,崇祯下诏让天下之兵入京勤王。直到三月五日,仍无兵马前来。

崇祯只好封吴三桂、左良玉、唐通、黄得功为"伯",并且于次日再次下诏，征各镇官兵火速救援。三月七日，离北京最近的总兵官唐通终于到了，崇祯命唐通和内臣杜之秩据守居庸关。3天后，一直等不来其他勤王之师的崇祯，只好让太监王承恩领着一群太监去守卫北京城。

为什么会出现这种情况？一句话：文武百官已把崇祯抛弃。同样是这批文武百官，在李自成坐上金銮殿后马上大献殷勤。当李自成下葬崇祯时，原明朝官吏哭拜者30人，拜而不哭者69人，其他人都"睥睨过之"，斜着眼睛、充满厌恶地走过去。

崇祯在歪脖子树上吊死后，与他共同赴死者只有一名太监——王承恩。《明史》载，王承恩入宫后的师傅是司礼监秉笔太监、东厂提督、总提督京营戎政曹化淳。随后，王承恩接替曹化淳，继任朱由检的司礼监秉笔太监。

唐通、杜之秩投降，李自成兵临北京城下，王承恩总领京营的部队守卫。因为士卒太少，只好征调太监充数。李自成派人进攻西直门、平则门（即阜成门）、德胜门。王承恩令人发炮攻击，连毙数人，"取得大胜"的太监们忙着给崇祯递送捷报。惊喜的崇祯下诏召见了王承恩，让他调集更多太监，计划率领太监军队御驾亲征。但是当晚，北京内城失陷，天蒙蒙亮时崇祯就吊死了，王承恩也上吊陪死。所谓"死社稷"的大明王朝天子，只能感化一名太监共同殉国，事实就是如此残酷。

崇祯死前和死后出现了令人难解的现象：文武百官漠然无视崇祯和大明王朝的死活，明朝亡国后又争相向李自成朝贺、争宠，以王承恩为代表的数名太监却争相殉国赴死。

《明史》载，山东人方正化任崇祯的司礼监太监，曾经于崇祯十五年（1628）在保定军中出任监军，立有保全城池之功。李自成围困北京城后，崇祯让他镇守城池，方正化叩头推辞不去，崇祯不准。

方正化再次叩头说："此行肯定无所作为，不过是以死报答主上恩德而已。"此话的潜台词是：现在大势已去，谁也无法挽救时局，守城之人只能尽职一死罢了。崇祯最后只能含泪派他赴死。方正化守城时，有兵士就战事来请示，他的回答总是"各位好自为之"。北京城失陷，他击杀数十人。李自成的兵士问他："你是谁？"他大声回答："我是总监方公！"后被乱刀砍死，随从太监也被杀死。

与方正化一样赴死的太监还有原司礼监掌印太监高时明，司礼监秉笔太监李凤翔，提督诸监局太监褚宪章、张国元等4人。南明建立后，曾建"旌忠祠"专门祭祀殉国赴死的太监，王承恩为正祀，方正化等人为附祀。

崇祯先吊死，王承恩后吊死。李自成进京询问后，得知崇祯已自缢于煤山，其部下就用两扇木门抬着崇祯和周皇后的尸体，送到魏国公牌坊下。

崇祯的衣襟里留有一封遗书:"我因无德,触犯上天震怒,降下了这场灾难,这都是文武大臣害了我。我死后无颜地下见列祖列宗,因此去掉冠帽,用头发盖住面部。任凭你们分裂身体,但不要伤害百姓一人。"

李自成的部下给了太监两贯钱,让他到街上买来柳木棺,用土块垫起来,停放在东华门外的施茶庵里。有两个僧人诵经超度,四五个老太监守灵,"王太监极薄一棺,亦在其旁",王承恩也安放在一口薄木棺材里,放在崇祯棺木的旁边。

原明朝文武百官都不敢前来哭灵,只有襄城伯李国桢和兵部郎成德、主事刘养贞抚棺大哭。李国桢哭着求其他大臣一起上书请求以帝礼安葬崇祯。李自成回答,你们这些人只是沽名钓誉,根本毫无诚心,撕碎书信扔出大殿来。

李国桢等大臣再次哭诉请求,最终青衣使者手持红笔批注的书信出来,宣读对崇祯以皇帝之礼安葬,但是祭礼享受王侯的规格……崇祯十七年(1644)四月四日,崇祯帝与周皇后被安葬在昌平田贵妃的墓穴中。

大清立国后,王承恩得谥号"忠愍",修建了占地60亩的祠堂,立碑表彰他的忠诚,并在崇祯帝陵旁边修建了王承恩陵。

清朝用一名太监长久陪伴崇祯,也许是对明朝末年文武百官的一种嘲讽,也许是在回应崇祯临死前的另一句遗言:文官不合心,武官不用命。文武可杀,百姓不可杀。

关于第二个问题,先来看看崇祯死前传旨让哪些"大佬"来救驾吧:崇祯十七年(1644)正月二十八日,崇祯下诏天下救援京师。到三月五日,见无人前来救驾,就封总兵吴三桂、左良玉、唐通、黄得功为"伯",六日再次下诏征各镇进京救援。

三月七日,崇祯终于迎来第一支救驾军:总兵官唐通到了。崇祯命他和近身内臣杜之秩守卫居庸关,又命令太监王承恩守卫京城。

不过,这支救驾军成了投降军:三月十五日,唐通、杜之秩向李自成投降,三月十八日傍晚,外城陷落,三月十九日拂晓,内城陷落。唯一到来的总兵官居然和内臣投降,北京城因此门户大开,此后李自成大军如入无人之境。

正月下诏进京救驾,到三月五日无人前来,崇祯只好给四人封官,除了唐通赶来却又投降了,其他三人的救驾表现各不相同:

——吴三桂:接到救驾命令时,吴三桂在宁远。13 天后率军赶到山海关,随后率军赶往北京城。三天后即三月二十二日,他率兵到达玉田一带,这时北京已陷落,崇祯也自杀了。

吴三桂马上率兵返回山海关,此后在大顺、大清之间开展政治投机活动。

从宁远到山海关420多公里，用时13天，平均每天行军65公里。而从山海关到玉田（今河北唐山西北处）全程约195公里，每天的行军速度是64公里。

多么令人生疑的速度啊，对于关宁铁骑来说，这样的速度无论如何不能叫急行军，更不是入京救驾的节奏。吴三桂之所以慢慢腾腾，目的只有一个：企盼大顺军早日攻破北京城。

——左良玉：接到救驾命令时，左良玉正在武昌。崇祯封左良玉为宁南伯，授他儿子左梦庚为平贼将军，并承诺救驾成功之后，让他们左家世守武昌。同时命令给事中左懋第顺路经过时，督促左良玉出兵救驾。

左良玉接到命令后没有出兵，而是写了一封出兵救驾的计划书，让左懋第带回北京。结果，书递上去，崇祯还没来得及看就自杀了。左良玉这样做，解释也只有一个：你死你的去吧，只要我和我的大军活着就行。

——黄得功：接到救驾命令时，黄得功正在庐州，崇祯临死前把他封为靖南伯。史书中对黄得功接命后的动向并未记载。只是在南明立国后，黄得功被晋升为侯，同刘良佐、刘泽清、高杰一起开设四大兵镇。

那么，除了唐通之外的"大佬"为啥不积极响应？原因只有一个：救驾之旅也是丧命之旅，谁也不想再走"谁拼命救主，谁为此丧命"的老路。对此，袁崇焕是最为典型的代表。

崇祯一朝拼命干活的文臣武将无人善终的现实，让领兵的"大佬"不敢救驾。下面有个统计，不算战死、投降的，看看被崇祯处死、罢官的文臣武将都有谁吧：

——崇祯二年（1629），兵部右侍郎、辽东经略杨镐因早年的萨尔浒大败被处死，弃尸于闹市示众；后金兵临北京城，兵部尚书王洽被下狱；袁崇焕被下狱；钱龙锡被罢官。

——崇祯三年（1630），总督蓟辽都御史刘策下狱处死；杀袁崇焕；钱龙锡被下狱。

——崇祯五年（1632），孙元化被处死，弃尸于闹市；刘宇烈下狱，遣送戍边。

——崇祯六年（1633），左副都御史王志道被革职。

——崇祯八年（1635），因皇陵失守，总督漕运尚书杨一鹏被下狱处死，弃尸于闹市。

——崇祯九年（1636），杀巡抚都御史王楫。

——崇祯十一年（1638），罢免卢象升，同年兵败战死；罢免方逢年。

——崇祯十二年（1639），罢免孙传庭，被下狱；罢免熊文灿，被下狱；因边境失守，诛杀巡抚都御史颜继祖，总兵官倪宠、祖宽，内臣邓希诏、孙茂霖等33人被处死并弃尸于闹市。

——崇祯十三年（1640），江西巡抚佥都御史解学龙和他推荐的黄道周被遣戍贵州，熊文灿被斩首示众。

——崇祯十四年（1641），总督郑崇俭被处死，弃尸于闹市。

——崇祯十五年（1642），罢免谢升；王朴被处死，弃尸于闹市；吏部尚书李日宣等6人被下狱；兵部尚书陈新甲被处死，弃尸于闹市。

——崇祯十六年（1643），范志完、赵光被处死，弃尸于闹市；周延儒被处死。

崇祯继位后因战事杀过7名总督：郑崇俭、袁崇焕、刘策、杨一鹏、熊文灿、范志完、赵光。加上战死的文臣武将，到崇祯临死前，能领兵救驾的也就没有几个人了。

在崇祯眼里，没有一个文臣武将是可以信任的，正如他临死前的遗言"诸臣误我"。哀莫大于心死，对于崇祯来说，只有一死才是最好的解脱，或许他也因此回绝了李邦华、李明睿请求南迁的建议吧。

崇祯最后一次召见文武百官时说"作为国君，应为国而死"。从那一刻起，崇祯已经彻底抛弃了江山，抛弃了他的文武百官。

其实，手握重兵的"大佬"们，之前就已经抛弃了自己的皇帝。最后，让我们借用崇祯死前的遗言来评价一下崇祯："我因无德，干犯天怒，降下这场大灾……"这样看来，崇祯还是很有自知之明的。

如何给崇祯盖棺定论？各界对此说法大不相同，其中以"崇祯是明朝文官集团等了300年才等来的糊涂蛋"这个论调最为狠辣。现在就来讨论一下这个论调是否有道理。

为什么说崇祯是文官集团等了300年才等来的糊涂蛋？糊涂蛋皇帝干的糊涂事有多少呢？下面来看看吧。

● 钦定逆案，魏忠贤案扩大化

17岁继位的崇祯虽然接手了一个烂摊子，但是瘦死的骆驼比马大，大明王朝能够保持正常运转200多年，靠的是一种惯性。其中最主要的是各方势力的均衡。魏忠贤被铲除后，魏党案被无限扩大，"钦定逆案"的涉案人员越来越多，加之魏党的对手东林党人趁机造势，这场大清洗完全打破了政坛的均衡。事实也证明，此后大明王朝的文官集团一党独大，再无势力能与其对抗，反而出现了皇帝与文官集团博弈的局面，崇祯的左右手成为独臂，失去了政治回旋的余地。

● 杀陈新甲，失去文臣之心

崇祯最终被文臣集团所抛弃，斩杀陈新甲是一个导火索。本来陈新甲执行的是崇祯的意思，与努尔哈赤议和。但是，事情败露后，被一群"愤青"文官痛骂，卖国求荣的帽子谁来戴呢？自然不能是皇帝，陈新甲只好戴上了，而且被崇祯下令斩首。

崇祯的形象算是完好无损，但是他的"文臣之心"就完全失去了，哪个还敢为你挺身而出。此后，一众文官全都是明哲保身，没有人出头担当，没有人出头分忧解难，大事小情你皇帝自己玩去吧。

● 袁崇焕、卢象升之死，失去武将之心

在失去"文臣之心"后，崇祯又被武将集团所抛弃。其标志性的事件就是袁崇焕、卢象升之死。尽管目前有人对袁崇焕之死持有不同意见，认为其人可诛。但是无论如何，袁崇焕都是大明王朝当时唯一的希望和依靠。袁崇焕之死完全寒了一众武将的心，而卢象升之死则加速失去武将之心的节奏，在一无军马（5000人全是老弱之兵），二无兵粮（监军拒不发粮），明知必死的情况下，卢象升仍然选择了孤军进攻。原因是什么呢？因为他知道只有一死才能保全自己和家族的声誉，否则他就是下一个袁崇焕。

现在来说一说崇祯死后的事情。他的尸骨停放于东华门外，搭建了灵棚，文武百官路过，没有人敢进去祭奠。李国桢第一个来了！"踉跄奔赴"跪倒在灵棺前，放声大哭，被大顺士兵抓住送去见李自成。

见到李自成后，李国桢"复大哭"，边哭边在台阶下磕头，血流满面。李自成好言相劝，想要招降他。李国桢一看这个就来劲了，说："只要你答应三件事，我就投降。"

哪三件事？一是"祖宗陵寝不可发掘"；二是"须葬先帝以天子礼"；三是"太子及二王不可害，宜待以杞宋之礼"。

关于李国桢投降还有一个说法是，北京城破后，他被押送到李自成面前，坚决不跪拜。李自成再三劝降无果，吓唬说要杀了他，李国桢仍然不降。最后，李自成说如果不投降就屠城。李国桢才跪下："为了保全百姓性命，我愿投降。"

无论哪种说法，总之李国桢投降了。但是他的故事还没有结束。

最初，崇祯和皇后用的是薄棺，后来改用厚棺。一说是太子朱慈烺争来的，一说是李国桢争来的。但有一点可以肯定的是，崇祯以帝礼安葬时，只有李国桢一人穿葬服徒步前往。崇祯入土后，他还"恸哭作诗数章"。

李国桢第一个为崇祯哭灵，还争来帝礼之葬。按说应该得到后人的相应好评，但恰恰相反，其历史口碑很差。这是为什么呢？

原因不外乎如下三点：

其一，领兵打仗靠纸上谈兵不行，靠基因显然也不行。总督京营的李国桢，拿到崇祯的指令后，先是面对王承恩唯唯诺诺，拿不出任何守城建议，倒像一个在皇帝贴身内官后面跟班跑堂的小伙计，在京城守卫战中更是毫无作为，坐看城陷。

其二，装腔作势，夸夸其谈，"有口才，数上书言兵事"，还曾经主动请求在京营之外选人练兵。要求崇祯拨钱拨粮，"岁费20余万"，他从内库中提走大量兵铳弹药，并且请崇祯御书"共武堂"挂到府中。见到崇祯后，他大言不惭地说："臣练出来的兵不可谓不强，只是苦于饷银太少了，不能招募更多的人来给皇帝效命。"戏份做得很足，可惜没有实际用处。李自成攻破外城后，有宦官奔来禀告崇祯。崇祯说："京营兵何在？李国桢练的士兵何在？"宦官答："哪有什么兵？李兵早已散去。"真不知道李国桢是为了练兵，还是为了向崇祯讨钱发财。

其三，督守京城毫无章法，无法激励士气。城陷前三天，李国桢匹马入殿，汗如雨下，衣服尽湿。内官以"此时见君，时间不宜"为由阻挡其入宫。李国桢说："此时君臣能多见一面是一面。"

内官、诸臣惊恐地询问其何出此言。李国桢答："守城士兵疲惫不堪，不肯用命抵抗，鞭打一人起来，另一人又躺下了。真是没有办法！"

身为京营总督，只会用鞭子抽打士兵打仗，大敌当前无计可施，跑来向崇祯求救，要你这样的将军何用？难道想让崇祯冲锋陷阵去吗？果然是了，崇祯随后下诏"亲征"，让内官全部拿刀拿箭上城厮杀。

堂堂襄城伯，就是这样领兵打仗的？"养官千日，用官一时"，李国桢用自己的实际行动告诉崇祯：我除了会当官，啥也干不了。

关于李国桢之死也有争议。一说他给崇祯送葬后，在坟前自缢而死。二说，他投降后被刘宗敏拷饷打死。无论哪种死法，祖先的勇悍血性在他身上荡然无存。

他向李自成放言三件事的得意举动，也备受后人质疑，认为其不过是信口开河、耸人听闻，"冀万一之获免"，希望万一能得到李自成的赦免。说到底，不过是作秀而已。

李国桢，到底是一介草包还是忠心殉国的烈臣，大约无人能说清吧。

钱凤览
QIAN FENG LAN

● "北太子案"， 小人物死节护主， 王侯苟且富贵

崇祯十七年（1644）春，北京。

崇祯吊死煤山不足 24 小时，朱由检的老丈人周奎就把逃进府中避难的两个外孙——定王朱慈炯、永王朱慈照，交给了李自成。

国丈做榜样，一切都好办。

左都御史刘宗周、太监王之俊马上效仿，上交了更重量级的人物——太子朱慈烺。这个功劳本来应该属于周奎，只是朱慈烺跑到周府，叩门许久"不得入"。据说是因为周奎睡觉太死没有听到，朱慈烺只好跑到"宫外舍"避难，于是就被警惕性极高的内臣发现了。

前朝太子和当朝皇帝见面，一番交心谈话，朱慈烺向李自成提了三个要求：一是不可惊扰我祖宗陵寝；二是抓紧以皇礼安葬我的

父皇和母后；三是不可杀戮我百姓。看见李自成默许，朱慈烺又说："文武百官最是无义，明天肯定来向你朝贺。"

次日，果如朱慈烺所言，来朝贺的前朝文武大臣多达1300人。李自成感叹："这些人不义到如此程度，天下哪能不乱？"

李自成应该没有想到，此番感言很快就在"北太子案"中得到了应验。

朱慈烺被软禁在大顺军营中，受到了一定优待。随后他经历了什么呢？说法很多，人们倾向于认为他被李自成挟持，参加了在山海关与吴三桂的大战，战后不知所踪。如果朱慈烺的故事至此结束，历史也显得太过乏味。一场关于人性的悲喜剧就此拉开大幕——

崇祯十七年（1644），冬。北京，周奎府。

严寒之中，一名少年敲开周府的大门。少年自称前朝太子朱慈烺，当初逃出皇宫，没能及时进入周府，天黑之后躲进了一家豆腐店，店主给他换了一身破旧的衣服，送他到崇文门外的尼姑庵，他又辗转藏到了内侍常进节的家中，如今知道公主在周府，特意来看望。

此时北京城已换了主人，前朝文武百官能抗得过刘宗敏索饷拷打的，多数在新主人手下谋得了职位。见风使舵、改换门庭就是李自成所说的"最是无义"的这些人的惯用伎俩。但要说"无义之最",周奎说第二,无人敢说第一。

因为,朱慈烺和他的两个弟弟一样,再次葬送在周奎的手里,他上书多尔衮,把太子投奔一事和盘托出。只是这一次多尔衮和李自成完全不同,他认为这个朱慈烺的身份可疑,命令送至刑部大堂勘审辨别。

以下内容为了方便阅读,只选取若干说法中的一种——

登场人物:周奎家仆

台词:少年第一次来府上,周奎的侄子周铎引领他来见公主,兄妹俩相视大哭。周奎留少年吃饭,在家里一直行君臣之礼。晚上少年欲告别而去,公主把锦袍送给他,告诫他不要再来。过了几天,少年再次登门,周铎把少年留宿府中,说:"不要说自己是太子,要自称姓刘,是个书生,这样才能免遭灾祸。"少年坚持行不更名、坐不改姓,被周铎赶出府门,正遇巡夜清兵,因此被抓获。

登场人物:内侍常进节、宦官王化澄

台词:少年确实是太子,不是假冒的。

登场人物:10名曾经侍奉过太子的锦衣卫

台词:这是真太子,不要伤害他。

此时"北太子案"的第一主角登场了。钱凤览,字子端,号兰台,会稽人,世代为官,"以祖荫"入中书,崇祯帝时任刑部主事。得知太子被抓的经过,他当场痛斥周铎是"负主背恩"之徒,走下台阶挥拳击打周铎。

此时,称假派登场了。

登场人物:晋王朱审烜、宦官王化澄、周奎

台词:此人是伪太子,不是真太子。

需要说明的是,王化澄最早认为少年是真太子,见朱审烜、周奎改口,自己也改口了。此时,有一名杨姓的内监站在一旁,朱慈烺说:"你这个姓杨的人,服侍过我。"杨内监谎称:"奴婢姓张,早先服侍你的不是我。"显然,杨内监也是称假派的一员。

登场人物:朱慈烺

台词:我到周府看望公主,非有他图。现在被周奎叔侄俩出卖,真也好假也罢,只图一死!有什么可辩解的?

刑部尚书为满族人,见一时难有定论,下令把称真派的常进节、10名锦衣卫收入狱中。称假派全都安然无事。

第一轮廷质结束。称真派坚持己见，目的不外乎两点：

一是清军入关后，把李自成赶出北京，礼葬了崇祯和皇后，对死人尚且如此，何况是活太子呢？而且清军是打着为崇祯报仇的旗号，因此太子朱慈烺应该能得到相应的礼遇。

二是以南明政权为主的江南地区，复明活动正如火如荼，包括北京在内的广大民众，对明清两军"会师剿闯"充满了幻想，如果此时能保留下大明皇室的正统，无疑具有极大的现实意义。

称假派为何坚持己见？朱审烜为什么又成为称假派的首领？当初，李自成挟持朱慈烺、朱慈炯、朱慈照、朱审烜参加山海关大战，战后朱审烜借机跑进吴三桂的军营，等吴三桂杀进北京时，民众看见他正在吴营中。所以说，朱审烜是最早投入清军怀抱的皇室藩王。最早降清的朱审烜得到了相当大的优待，前朝繁华已成烟云，此时此地的富贵全是多尔衮给的，保留富贵的唯一办法，就是与多尔衮站在一条线上。

其实，称假派最大的支持来自清廷内部，既然宣称入关是为崇祯报仇，此时崇祯的太子出现，是不是要把皇位让给人家？如果不让位，是不是说明所打旗号都是假的，所有的一切都不过是一种民意的虚假挟持？因此，太子必须且只能是假的！

此时，钱凤览上书多尔衮，称周奎在堂上说"就算把真太子当作假太子处死，也是为国家（指清朝）除害。这话充分说明了真相"。于是，第二轮廷质在钱凤览上书后开始了。

登场人物：晋王朱审烜、前朝侍讲谢升

台词：你们就是打死我，我也要说这人不是真太子。

朱慈烺说：谢先生，你侍读时，在殿内讲到一部书，还谈起一件事，难道忘记了？

谢升不得已，做了一揖退下，默然不再说话。

此时，唯一能拿得出手的疑问来自一名内官，他质疑朱慈烺的额头上有块瘢痕。朱慈烺说："当初逃出宫时，有一名白胡子老人用手抹了一下我的额头，留下这道瘢痕。"被抹一把就留下一块瘢痕，这是什么操作？审判人员认为这太过于荒唐，决定把朱慈烺送往监狱。

第一主角忍无可忍了！钱凤览先是怒斥谢升是不忠之臣，又"语侵晋王"，表达了对朱审烜所作所为的极度不满，言语中多有不敬和冒犯之处。

登场人物：钱凤览

台词：太子身处危地，是生是死全在朝廷。他本人的供词和保者、验者提供的凭证，均证明他是真太子。关押在刑部的5天里，悲惧言动绝无一点儿虚假。

现在有人质疑他个子高、嗓门大，人年幼时个子矮小，16岁会长高长壮，这样的人比比皆是。有人质疑他不具备书写能力，但东宫向来不以书写擅长。还有人质疑他不能尽数掌握宫中之事。时事变迁，四处逃亡，惊魂未定，人在富贵时多不会留意身边小事，请问当年各官朝贺跪拜时，是不是只注意按照鸿胪的传呼行事，哪能在仓促中还要弄清楚具体的礼数？

太子当年在宫中，未寒而衣，未饥而食，随身侍奉的人太多了，怎能全都叫上名字来？请问各位官吏，你们能把自己的书吏、皂役等人的姓名全叫上来吗？能认全他们的长相吗？

如今，大臣不认，则小臣瞻前顾后，心有疑惧；内员不认，则外员紧闭嘴巴，不敢相认。但是天地祖宗，不可欺灭！我将以死抗争！

第二轮廷质的结果就是，最强硬的称真派钱凤览下狱。狱吏说："你如果不再坚持己见，还可以留下这条性命。"钱凤览毅然决然地回答："我的躯体早已死去，绝不更改所说的话。"

"北太子案"轰动一时，士人纷纷上书为太子辩护，力求让清廷保全和优待太子，同时痛斥谢升等人。多尔衮下令把上书的人全部收押入狱。尽管如此，仍然无法禁止满城议论。再这样下去可能危及初立的清朝国体，多尔衮决定亲自出马了。

多尔衮"坐便殿，亲询群臣"。称真派钱凤览和称假派赵开心据理力争，各不相让，廷议过程异常激烈。最后，四个字的出现，彻底激怒了多尔衮——钱凤览、赵开心都称"各为其主"。

什么，难道有两个主人吗？多尔衮大怒："是真是假暂不争论，朝廷自有处理。但是晋王胜过皇帝的儿子，谢升也是前朝大臣，钱凤览对晋王出言不逊，百姓毁骂当朝的大臣，都是目无其上的表现。除了假太子之外，钱凤览、赵开心和已经收押入狱的，全都斩之。"

经过满族御史的央求，加上赵开心在廷奏中被认为"没有失礼之处"，所以只被罚俸3个月而免除死罪。汉族大臣则全力求情以救钱凤览，因此被改为处以绞刑。

称真派全军覆没，钱凤览、朱六邵、贵尼、僧真庆、李时印、张文魁、申良策、郑国勋、杨博、杨时茂、张元龄、常进节、杨玉或被绞或被斩，无一幸免。

对于这段历史，《明史》中只有短短几句话：有自北来称太子者，验之，以为驸马都尉王昺孙王之明者伪为之，系狱中……

死节护主的全是一群小人物，钱凤览也不过是一个六品的刑部主事。在历史上，从来没有一出人性大剧如此精彩：面对生死，以钱凤览为代表的一群小人物坚定地站出来，死节护主，最终全部被处死；身为王侯者却见风使舵，苟且富贵。

以朱审烜、周奎为代表的称假派，贪图多尔衮"优以爵禄"，担心太子的出现殃及自身，为了既得富贵而出卖良心，人性之恶暴露无遗！

最后要说的是，仅仅4年之后，朱审烜就死了。也许，他的使命已经完成，大清朝再也不需要他来掩人耳目、装点门面了。

就在"北太子案"愈演愈烈，一群人物在北京你方唱罢我登场的热热闹闹之际，在大明王朝的陪都南京，同样一场人性大剧也有了结果，只不过这场大剧的主角只有两个人：钱谦益、柳如是。

清军兵临南京，妻子劝他一起投水殉国，他却嫌"水太冷"，平日里"爱国主义"挂嘴边，声称国家有难将全力以赴，不惜以身殉国。事到临头，出身青楼歌女的老婆投水殉国时，他却来了一句：水太冷，不能下……

这不是笑话，这是真实的历史。

● "现场直播秀" ——以身殉国

钱谦益，字受之，号牧斋，晚号蒙叟，人称虞山先生，苏州府常熟县（今张家港市塘桥镇）人。作为一个学霸，明万历三十八年（1610），年仅28岁的钱谦益中得探花，后来官拜礼部侍郎，仕途生涯长达 35 年。因为文采出众，名列"江左三大家"。他还是一名东林党人，一度被视为"士林领袖"。

钱谦益的爱妻柳如是本是青楼歌女出身，与马湘兰、卞玉京、李香君、董小宛、顾横波、寇白门、陈圆圆同称为"秦淮八艳"。柳如是又称河东君，因为读宋朝辛弃疾《贺新郎》中"我见青山多妩媚，料青山见我应如是"，所以自号"如是"。史载，柳如是有一定的家国情怀和政治抱负，喜穿儒服男装，与东林党人来往密切，一起谈古论今，纵论时势。

崇祯十三年（1640），钱谦益娶得柳如是之后，在其居住的半野堂新建一室，定名为"我闻室"，以呼应柳如是的名字。此后钱谦益与柳如赋诗作对，也算是红尘作伴，活得潇潇洒洒。

崇祯十七年（1644），清兵攻占北京，作为陪都的南京也不得安稳，六部的文臣武将或抵抗殉国，或外逃活命，也有人暗中联络清军准备投降。柳如是则力劝钱谦益以身殉国，钱谦益表示赞同，几乎逢人就大声说——以死报国是我必然的选择！同时宣布：某月某日某时自己将"现场直播"殉国实况。

时间过得飞快，这一天真的到来了！钱谦益带着一家人依次亮相于常熟尚湖，在湖边小亭子里摆上一桌丰富的酒饭，敞开肚皮大吃大喝了一顿，边吃边声称——我要效法当年的屈原先生，投水自尽，以身殉国，谁也别拦着我……

钱谦益完全是一副表演范儿，主角的光环耀眼夺目。

● 水太凉……所以淹不死？

钱谦益的"殉国直播"，有了轰轰烈烈的开头，但是谁也没有猜到结尾。

所谓的这顿"断头饭"，从中午吃到下午，又是吟诗作赋，又是高歌一曲，又是指点江山，又是捶胸顿足，钱谦益的表演范儿十足，"当朝文章伯的大才子"，666啊，想必又收获了10万+的粉丝。

夕阳西下时分，也到了"直播"大戏收尾的时间。钱谦益站起来，缓缓踱步到湖边，抬起头来深情地凝视着西山风景，蹲下去轻轻触摸了一下湖水，于是在历史上留下了一句名言——水太冷，不能下。

难道是水太冷淹不死人，还是打算淹死在温泉里？这就如同跳楼自尽的人说楼太高，不能跳；抹脖子自尽的人说刀太快，不能抹……

钱谦益终究没有投湖殉国。

和他形成鲜明对照的倒是柳如是，他的这个老婆真爷们儿，高呼一句"女子一言，驷马难追"，毫不犹豫地纵身跳入水中。不过，就在柳如是"奋身欲沉池水中"时，被钱谦益硬生生地拉了回来。

堂堂钱大人，关键时刻连昔日青楼卖唱的歌女都不如，真是让人笑掉大牙。

平日里"爱国主义"挂嘴边，一副敌人来了誓死不降的模样，事到临头却拿"水太冷"当理由苟且偷生，拜托！能不能找个靠谱点的理由——比如"留得青山在，不怕没柴烧"；比如"君子报仇，十年不晚"……哪怕是自欺欺人，好歹也算是一个理由吧。

● 老戏骨，请继续你的表演

戏演到这里，你以为结束了，那真是大错特错了。

钱谦益这位老戏骨的表演还远远没有结束。

清兵攻到南京城下，他主动出城投降，还按照清兵的要求给亲朋故友写信，让他们一起投降。更可笑的是，多尔衮"留头不留发，留发不留头"的剃头令一下，钱谦益对家人说："头皮好痒……"出门而去，回来时——头发已剃了。

从"水太冷"到"头皮好痒"，钱谦益完成了从"爱国主义者"到投降派的转变。甚至，在别人指责他节操有问题时，他把责任全推给了柳如是："我本欲殉国，奈小妾不许可。"

哈哈，这理由比"水太冷"还流氓。

钱谦益的这副嘴脸，给历史留下一份独特的印记！就连后世的乾隆皇帝都看不下去了，他在翻看钱大人的"光辉"事迹后，写了一首诗羞辱他:"平生谈节义,两姓事君王。进退都无据,文章哪有光?真堪覆酒瓮,屡见咏香囊。末路逃禅去,原是孟八郎。"

这首诗的意思是:老钱这个人一辈子忠义不离口,却在不同王朝两次当官。言行不一到对自己的所作所为也无法解释的地步,他写的那些弘扬忠义的文章,有什么光彩可言?何况他还常写艳情之类的香囊诗,文章也就配当酒缸的盖子罢了。丢人丢到家后,他又去学禅宗了,千万别信他那一套,他原本就是孟浪不靠谱的人。

据说,乾隆一生写了三四万首诗,都不是太有名。但是,这首诗的水平挺高!

最后,我们还是按照惯例交代一下钱谦益的结局。剃了头的钱谦益受到大清朝的关照,让他去北京报到当官,成了礼部侍郎兼翰林学士。对于他的这段两朝为官的经历,有人曾作诗云:钱公出处好胸襟,山斗才名天下闻。国破从新朝北阙,官高依旧老东林。

他的妻子柳如是则始终不肯北上,坚持留在南京,表明自己不当贰臣的态度。夫妇俩分居半年后,"官高依旧老东林"的钱谦益似乎也感觉自己的操行不及柳如是,又无力改变业已定型的形象,只好称病辞官返回南京。本想就此老老实实混吃等死的钱谦益在顺治四年(1647)摊上了大事,受黄毓祺反清案的牵连入狱,关了一年之后被四处打点、活动、花费巨资的柳如是救了出来。为了感谢妻子的搭救,老钱还作诗留念,其中一句是:"恸哭临江无壮子,

徒行赴难有贤妻。"此后，钱谦益在柳如是的推动下，与南明抗清人士多有接触，并默许柳如是资助郑成功、张煌言等前明势力。

晚年醉心于文学事业的钱谦益，于康熙三年（1664）结束了自己异常纠结的一生，享年82岁。他死后也没有让人消停，因为留有巨额资产，乡里族人相约要共同夺其房产，关键时刻又是他的贤妻柳如是站了出来，据理力争的同时，用上吊的方式吓退钱家族人。结果，族人们确实被吓走了，柳如是却没有被救活，在老钱死后的第34天，她也踏上了黄泉路，享年只有46岁。

结语

● 是开始也是结束：李自成为何只当了42天皇帝？

又是一个血色清晨，早朝的鼓声咚咚响起，满朝文臣武将一个也没来。

崇祯在绝望中走向煤山……

这是农历甲申年（1644）的三月十八。

宣武门、彰义门、正阳门、齐化门、顺成门、东直门全部被打开，开门者是崇祯在人生最后时刻唯一信赖的人——太监。

无数大顺童子军，如猴子般登上城墙。守城士兵"脱衣委刀，惟恐知其为兵卒者"——纷纷脱盔甲、丢武器，就怕被发现自己是当兵的。

● 不杀太子，还夸其"是明白人"

正午时分，李自成戴毡笠、披缥衣、骑黑马，在百余名卫兵的护拥下从德胜门入城，经大明门进入紫禁城。

这一天，大明王朝灭亡了。

入宫后不久，开门献城的太监杜之秩、曹化淳等人就前来讨赏了。李自成劈头盖脸地训斥他们："你们这些小子背叛主人、开门献城，按说全要砍头。"杜之秩、曹化淳等人马上跪下："我们识天命，知道大明必亡、大顺必兴，所以才这样做。"

李自成的火气消了大半："饶你们一死，滚吧。"

　天还没有亮之前，太子朱慈烺逃出内宫，跑到外公周奎的府上，周奎正在睡觉，无论怎么敲门，周奎就是不开，朱慈烺无奈之下只好出宫，被大顺军抓获送给了李自成。

李自成见到朱慈烺，让他跪下说话。

朱慈烺大怒：我怎么会为你弯下膝盖？

李自成：你父亲在哪里？

朱慈烺：已经死在寿宁宫了。

李自成：你朱家因何而失天下？

朱慈烺：因为误用贼臣周延儒等人。

李自成笑了：你算明白人。

朱慈烺：为什么不快快杀我？

李自成：你没罪，我怎能妄杀无辜？

朱慈烺：如果真如你所说，请听我三句话：一是不可惊我祖宗陵寝；二是快以皇帝之礼安葬我的父皇母后；三是不可杀戮百姓。

最后，朱慈烺又补充了一句：文武百官最是无义，明天早上肯定会来朝贺你。

听到朱慈烺的这个猜测，李自成并没有放在心上。不过次日他得知来朝贺的前明官员多达1300余人，李自成相信了："这些人如此不忠不义，天下怎会不乱？"

从那一刻起，也许李自成就动了杀戮百官的念头。

● 以皇帝之礼安葬崇祯

入宫后，李自成遍寻崇祯下落而不见人影。

有人说："一定藏在了民间，不进行重赏和严惩，一定找不到。这是大事，不能小视。"

于是，李自成下令谁献出崇祯就"赏万金，封伯爵"，反之将灭族。

次日，煤山歪脖子树下的崇祯，终于被人们找到了。

崇祯的头发披散下来盖住面部，左赤足、右着袜，衣襟上有咬破手指后写的亲笔血诏：朕之失天下，皆因文官不合心，武官不用命，以致如此。文武可杀，百姓不可杀。

这是亡国之君最后的怨恨：老朱家的江山丢了，我哪有什么错！都是文武百官心不齐、不下力。所以，文武百官可杀，不要杀百姓。

唉！崇祯就是死了也没有反思明白。

尸首找到了，不能总摆在太阳地里。有人拿出两贯钱，让太监买来一副柳木棺材，用土块垫起来，停于东华门外。百官闻讯，没人敢上前哭拜，只有襄城伯李国桢、兵部郎成德、主事刘养贞"抚棺大恸"。

没想到，上任后就辛苦勤政，吃不好、穿不好，也不喜欢三宫六妃妻妾满堂的崇祯，死后居然只有3个人来哭灵。

关键时刻是李国桢冲了出来，他哭求其他人联名上书，要求以皇礼安葬崇祯。几经周折，李自成最终还是同意了。

崇祯十七年（1644）四月四日，崇祯以帝礼与周皇后合葬。仪式上，李自成流下了两行泪，更让人没有想到的是，前朝官员"哭拜者30人，拜而不哭者69人"，其他官员都斜眼鄙视而过。只有主事刘养贞跪地磕头大哭。

● 搜马、搜铜、搜妇女

李自成进入北京城，是以胜利者的姿态。弟兄们跟随自己吃苦受累，也该享受一下了。大顺士兵把享受的目标，首先瞄向各大卖春楼，然后又瞄向了高宅大院的良家女子。

最初他们还找个理由，进门说来借锅、借碗，后来又要借床睡

— 结语 —

觉,再后来还借人家的妻、女、姊妹。

待到人家的妻、女、姊妹出来,看对了眼,搂着上马就跑。不顺从的当场杀死,顺从而面露不悦的也会被杀死。在安福胡同,一夜之间370多名妇女被杀,投降官员的妻妾也不能幸免。

很快,大顺军成了一支军纪极其败坏的队伍。

他们占据大户人家的府院,拉着从各处搜寻到的女性,"不顾青天白日,恣行淫戏"。普通兵士还走街串巷,以搜马、搜铜为名,沿门挨户搜寻妇女。

● 刘宗敏的夹棍

刘宗敏占据田府后,就忙着找人研制新刑具:铁钉相连的新式夹棍。还在大门处立两根柱子,每天抓来百官,用锋利的小刀子割着玩——凌迟。

这是因为刘宗敏认为他们是贪官。不过,刘宗敏更重要的任务是拷饷。也就是用夹棍拷打百官,让他们认缴饷银以供大顺军花销。

十多个昼夜连续不停,百官、富商被拷打致死1000余人,田府"号哭之声,惨彻街坊""夹打炮烙,备极惨毒,不死不休"。杨汝诚献上一美婢而获免;张忻没受刑,却给他老婆上了夹棍,只好拿出万两白银;王都3次受刑3次上交白银,最终死去……

想当年，崇祯向全国派三饷 2000 万两，被认为导致了"天下大乱"，并且致使"大明王朝灭亡"。李自成进京，刘宗敏夹棍拷饷，十多天收上来 7000 万两，崇祯九泉下有知，怕是只怨当初自己心太软。

在被拷饷的百官中，有一个老头的身份很特殊，他的儿子叫吴三桂。不过，此时儿子不在身边，儿子的爱妾陈圆圆在。

于是，刘宗敏把绝色无双的陈圆圆关进了自己的卧室。

● 准备登基大典

国不可一日无主。

崇祯十七年（1644）三月二十六日，朱纯臣、陈演率百官请求李自成登基，为表示庄重还专门请人写了一封劝进书。

劝进书的内容比较肉麻，其中有两句是这样的，"比尧舜而多武功，迈汤武而无惭德"——你与尧舜二帝相比更有军事战功，同时超过商汤、周武王的军事战功，言行还没有如他们俩一样存在缺失之处。

在朱纯臣、陈演眼中，李自成无疑是前无古人的天子，尧、舜、商汤、周武王都没办法跟他相提并论。这马屁拍得真是响亮。

此后，从四月初一宋献策再次劝进开始，四月三日、六日、九日又有人分别劝进。最后，牛金星沉不住气了，亲自劝说——谦让一下、意思意思就行了，不能老是演戏。

于是，李自成决定于四月十七日举行登基大典。

同时，李自成下令更改明朝官制，六部改为六政府，各部属官叫从事，六科叫谏议，翰林院改为弘文馆，巡抚改为节度使，府改为尹，州改为牧，县改为令……大明门也被改为大顺门。

● 是开始也是结束

似乎是万事俱备了。不过，吴三桂那边出事了。

大顺军被迫停止在京城的享乐，李自成于四月十二日率部亲征山海关。白帽青布的李自成在黄络伞盖下走出正阳门，向着山海关进发，向着大顺朝的最后一抹落日余晖走去。

26天，仅仅26天，那支横扫明朝千军万马的军队，已经彻底蜕变，战斗力和精神力已经不可同日而语。四月二十一日，在"一片石"之战中，吴三桂与清军联手，李自成大败，率部匆忙撤回北京。四月二十六日，半个月前那支出征的队伍迈着沉重的步伐回来了。

四月二十七日，李自成大开杀戒，陈演、徐允祯等和都指挥以上的前明官员全被砍头。方岳贡、邱瑜予自缢。李自成把这些人的家眷都分配给军卒享用，又把各府官员押到刘宗敏府前，全部坐于路边，依次砍头，直到夜敲三鼓。

李自成的登基大典选在了四月二十九日。武英殿上，李自成接受了三叩九拜，上追自己的七代祖宗，全给了封号，随后定年号"大顺国永昌元年"。

这是一个朝代的开始，也是一个朝代的结束。历史上从来没一个朝代，如李自成的大顺朝，登基大典之后，士兵就拉来了一车车撤退用的粮草，堆满了紫禁城。

四月三十日，这是大顺朝灭亡的日子。

李自成率部西奔，在与吴三桂的激战中受伤的刘宗敏，由一个长桌架着，被抬出了城门。临走前，紫禁城里四处放炮、放火，那些深宅大院也被放火，起来救火的人被大顺士兵飞马砍杀……

京师门楼火起，夜如白昼。只有大明门、正阳门没有着火，这是大顺军出城的必经之路。败退的大顺军，携带着搜刮来的京城财物，沿路还大肆掳掠。李自成严令禁止，士兵却丝毫不听，甚至还有一片鼓噪之声：皇帝让你做了，美女不能让给我们享受吗？

42天前，踏着明朝的最后一缕阳光杀进京城。

42天后，踏着大顺朝的最后一片火光退出京城。

李自成完成了自己大顺朝皇帝的使命。

后记

这个后记原本不在计划之列，但是书稿提交之后，经过与编辑的反复沟通，她们认为还是应该写点什么。主要解决书中没有或者难以表达的两个问题：一是为什么是他们；二是几个人物的点评不明晰。

关于第一个问题，在书稿完成后，我曾再三自问，在大明王朝走向衰亡末路之际，这12个人有多大的代表性？为什么要选定他们这12个人呢？

其实，最初选定的是16个人，这些人均是大明王朝晚期与末期具有节点意义的标志性人物。与编辑商定的过程中，一度删减到10个人，最终选定为12个人。还要说明一点的是，这12个人物的选定还参照了另一个标准：在明史中，他们的读者热度。因为从2016年起，我就开通了若干个自媒体号，结识了大量明史爱好者和研究者，他们就明史的几个人物曾经公开向我提问，同时还有一些明史人物成为大量读者热议的焦点。如果用星级来区分他们，现在选定的12个人，可以说多是五星级热度的明史人物。

关于第二个问题，在书稿写作中，我有意没有进一步进行非常明晰的人物点评，就是想留下空白来，让读者自己思考。其实，书中的12个人物大体可以分成两大类：一是在大明王朝的晚期和末期的衰亡气象中仍然洁身自好，守正慎行，比如海瑞、方岳贡、卫景瑗、吴麟征，他们人性深处的色彩给垂死的王朝增加了一丝难得的光芒。二是悲剧式的勇士和英雄，比如周遇吉、毛文龙、袁可立、孙承宗、卢象升，他们明知不敌，敢于亮剑，明知必死，勇敢赴死，他们精神本源所根植的土壤正是中华传统文化，我将其中的特质概括为忠于职守、舍生取义、不怕牺牲等，这种家国情怀一直是中华民族生生不息的祖脉和龙源。当然，历史人物都有其历史的局限性，述写大明王朝的勇士和英雄并不是为他们招魂，我们记住的应该是他们精神本源中的这些特质。书中与这两大类人物对应的则是一些小丑，比如唐通、姜瓖、钱谦益、李国桢、光时亨等人，他们的存在反衬出勇士和英雄的风范，历史就是这么有意思，最善于从正反两个方面让我们明智。

在这里，我还要对为本书写序言的朱亚非教授表达诚挚的谢意，尽管从8岁起我就开始耕读二十四史，也有较强的古文功底，研读各种史料并不费劲，工作之后也始终利用各种机会丰富自己的

— 后记 —

历史文化知识,而且还一度参加备考中国社科院的历史专业博士研究生,但是说到底我目前只能算历史文化的爱好者。因此,书稿出来后,非常希望能找到一位权威的学者给书稿把关。幸好有朱亚非教授。20多年前,我曾经采访过朱教授,这次找到他给书稿写序言确实十分唐突,朱教授却是温润如玉,不仅答应了为本书写序言,还对书稿的内容提出了宝贵意见。要感谢的人还有很多,比如文史学者和专家郑连根、赵林云、魏新、李泊四位先生和窦晓娟女士,以及山东大学的樊庆彦和山东师范大学的赵树国两位教授,他们都对本书的写作和出版提供了支持和帮助。

最后还要感谢一下本书的另一位作者赵君扬(鹿鸣)先生。因为他的参与,让书中的语言更加新鲜生动,更有时代感。这是因为在与很多年轻人交流中,我发现他们的历史知识主要来自影视剧和网络游戏,他们对历史文化没有相对完整和正确的知识体系。相信有赵君扬先生参与写作,让本书有了更多年轻人的视角和语言风格,也会让本书更加贴近年轻人。

赵千马

2022年12月2日